I ncel, Red Pills, Black Pills e Outras Subculturas do Ódio: Como Jovens São Recrutados Online – Fique atento!

Por Carmellini Duarte.

A internet revolucionou o mundo de maneira irreversível, transformando a forma como nos comunicamos, trabalhamos, aprendemos e consumimos informações. Desde sua popularização, essa tecnologia encurtou distâncias, facilitou o acesso ao conhecimento e proporcionou avanços em diversas áreas da sociedade. O que antes era impensável — como conversar com alguém do outro lado do mundo em tempo real ou acessar milhões de livros e artigos com um simples clique — tornou-se parte do nosso cotidiano.

Um dos principais benefícios da internet é a democratização da informação. Nunca antes na história da humanidade o conhecimento esteve tão acessível. Hoje, qualquer pessoa com conexão à internet pode aprender sobre praticamente qualquer assunto, seja por meio de artigos, vídeos, cursos online ou até mesmo fóruns de discussão. Universidades renomadas oferecem conteúdos gratuitos, e plataformas educacionais possibilitam que milhões de pessoas adquiram novas habilidades e aprimorem seus conhecimentos sem sair de casa.

Além disso, a internet revolucionou o mundo dos negócios e do trabalho. Empresas podem expandir seus mercados de forma global, pequenos empreendedores conseguem vender produtos e serviços sem a necessidade de um espaço físico, e o trabalho remoto se tornou uma realidade viável para muitos setores. Essa conectividade trouxe não apenas mais oportunidades de emprego, mas também maior flexibilidade e qualidade de vida para trabalhadores que agora podem equilibrar melhor sua vida pessoal e profissional.

No campo da comunicação, a internet eliminou barreiras geográficas. O que antes exigia cartas ou telefonemas caros agora pode ser feito instantaneamente por meio de mensagens, chamadas de vídeo e redes sociais. Amigos e familiares podem manter contato constante, independentemente da distância, e empresas podem se comunicar com clientes e parceiros de qualquer lugar do mundo.

A internet também teve um impacto significativo na área da saúde, permitindo avanços na telemedicina, na disseminação de informações médicas e na pesquisa científica. Pacientes podem consultar especialistas sem sair de casa, obter diagnósticos mais rápidos e acessar informações confiáveis sobre prevenção e tratamento de doenças.

Por fim, o entretenimento foi profundamente transformado pela internet. Plataformas de streaming oferecem acesso instantâneo a filmes, séries e músicas, os jogos online conectam pessoas ao redor do mundo, e redes sociais permitem que qualquer pessoa crie e compartilhe conteúdo. Tudo isso contribuiu para uma nova forma de cultura digital, mais acessível e diversificada.

Em suma, a internet trouxe inúmeros benefícios para a sociedade, facilitando a vida cotidiana, promovendo a inclusão digital e proporcionando oportunidades antes inimagináveis. Seu impacto positivo é inegável, e seu uso consciente e estratégico pode continuar trazendo avanços para a humanidade.

A ASCENSÃO DAS REDES SOCIAIS E O IMPACTO NA JUVENTUDE

Nos últimos anos, a ascensão das redes sociais remodelou completamente a maneira como os jovens interagem com o mundo. O que antes era uma ferramenta para compartilhar momentos e manter contato com amigos se transformou em um ecossistema digital altamente sofisticado, onde tendências, ideais e até mesmo padrões de comportamento são moldados diariamente. Plataformas como Instagram, TikTok, Twitter e Facebook não apenas oferecem entretenimento, mas também desempenham um papel fundamental na formação da identidade dos jovens, influenciando desde sua visão de mundo até suas aspirações profissionais e relações interpessoais.

O impacto das redes sociais na juventude é multifacetado. De um lado, elas proporcionam acesso imediato a uma quantidade infinita de informações, possibilitando o aprendizado autodidata e o engajamento em debates globais. Nunca antes foi tão fácil para um jovem entrar em contato com culturas diferentes, aprender novas habilidades ou se conectar com pessoas de todo o mundo. Muitos adolescentes encontram nas redes sociais uma plataforma para expressar sua criatividade, divulgar seu trabalho e até construir carreiras de sucesso.

No entanto, essa hiperconectividade também vem acompanhada de desafios preocupantes. A pressão para se encaixar em padrões irreais de beleza e sucesso, amplificada pelo uso de filtros e edições de imagem, pode levar a uma crise de autoestima entre os mais jovens. A comparação constante com influenciadores e celebridades, que muitas vezes exibem uma vida perfeita e inatingível, gera sentimentos de inadequação e ansiedade. Estudos mostram que a exposição excessiva às redes sociais está diretamente ligada ao aumento dos casos de depressão e transtornos de ansiedade entre adolescentes, tornando essencial o desenvolvimento de um uso mais equilibrado dessas plataformas.

Outro aspecto crítico é a erosão das habilidades sociais. A interação digital, embora conveniente, não substitui as experiências presenciais fundamentais para o desenvolvimento emocional e cognitivo. Muitos jovens passam horas conectados, mas encontram dificuldades para estabelecer vínculos profundos no mundo real. Além disso, a dependência do "dopamine hit" gerado por curtidas, comentários e compartilhamentos pode levar a um comportamento viciante, onde a validação virtual se torna mais importante do que as conexões autênticas fora da tela.

O cyberbullying também é um problema crescente. O anonimato da internet dá espaço para discursos de ódio e ataques direcionados, afetando profundamente a saúde mental dos jovens. Muitas vítimas de bullying digital sofrem em silêncio, pois a natureza pública dessas agressões pode torná-las ainda mais humilhantes. Isso reforça a necessidade de regulamentações mais eficazes, além da educação digital, para que os usuários saibam como se proteger e agir diante dessas situações.

Apesar dos desafios, é inegável que as redes sociais vieram para ficar. A chave para mitigar seus impactos negativos está no equilíbrio: ensinar os jovens a utilizá-las de maneira consciente, incentivando o pensamento crítico e promovendo um ambiente digital mais saudável. Se bem orientadas, as novas gerações podem aproveitar as vantagens dessas plataformas sem comprometer seu bem-estar mental e emocional.

COMO A INTERNET SE TORNOU UM CAMPO FÉRTIL PARA IDEOLOGIAS EXTREMAS

Se, por um lado, a internet democratizou o acesso à informação e possibilitou debates plurais, por outro, ela também se tornou um terreno fértil para a proliferação de ideologias extremistas. Com a facilidade de compartilhar conteúdos em massa, grupos radicais encontraram nas redes sociais, fóruns e aplicativos de mensagens um meio poderoso para espalhar suas narrativas e recrutar seguidores. O fenômeno da radicalização digital tem sido um dos desafios mais complexos da era moderna, afetando sociedades em todo o mundo.

A internet possibilitou a criação de "câmaras de eco", onde os algoritmos priorizam conteúdos que reforçam as crenças já estabelecidas do usuário. Isso significa que, uma vez que uma pessoa entra em contato com um determinado discurso extremista, a própria plataforma começa a sugerir conteúdos semelhantes, aprofundando sua exposição àquela ideologia. Esse ciclo vicioso leva à polarização e dificulta o pensamento crítico, pois os indivíduos passam a consumir apenas informações que confirmam suas convicções, excluindo qualquer visão alternativa.

Além disso, a sensação de anonimato na internet permite que indivíduos expressem opiniões radicais sem medo de represálias. Isso facilita a disseminação de discursos de ódio, teorias da conspiração e até mesmo a organização de ataques violentos. Grupos extremistas utilizam essa dinâmica para atrair novos membros, muitas vezes se aproveitando de vulnerabilidades emocionais ou crises pessoais para convencê-los a aderir à sua causa. Jovens que se sentem deslocados ou em busca de um propósito podem se tornar alvos fáceis para essas narrativas, sendo gradualmente manipulados até chegarem a um ponto de radicalização.

Outro fator preocupante é o uso de fake news e desinformação como ferramentas de persuasão. Notícias fabricadas ou distorcidas são espalhadas rapidamente, criando um ambiente de paranoia e desconfiança em relação a instituições, governos e até mesmo à ciência. Isso foi evidente em momentos críticos da história recente, como durante a pandemia da COVID-19, quando teorias conspiratórias se espalharam de maneira alarmante, influenciando milhões de pessoas a rejeitar vacinas e medidas de segurança.

A resposta a esse problema não é simples. Proibir ou censurar determinados discursos pode gerar resistência e reforçar a sensação de perseguição entre grupos extremistas. No entanto, ignorar essa questão pode ter consequências catastróficas, levando a um aumento da violência e da polarização social. A solução passa por iniciativas de educação midiática, que ensinem as pessoas a identificar fontes confiáveis, verificar a veracidade das informações e compreender os mecanismos por trás da manipulação digital.

O combate ao extremismo online também exige uma postura mais ativa das empresas de tecnologia. Plataformas como Facebook, YouTube e Twitter já implementaram políticas para reduzir a disseminação de conteúdos radicais, mas os desafios são enormes. O equilíbrio entre a liberdade de expressão e a proteção contra discursos de ódio ainda é um dilema em aberto, e a forma como a sociedade lidará com essa questão definirá o futuro da comunicação digital.

A internet é uma ferramenta poderosa e transformadora, mas seu impacto depende de como é utilizada. Assim como possibilitou avanços extraordinários, também abriu espaço para desafios inéditos. Cabe a governos, empresas e cidadãos encontrar maneiras de preservar os benefícios dessa revolução digital sem comprometer a segurança e a integridade das sociedades.

Ótima sugestão! Vou equilibrar o texto, mantendo os pontos positivos e enfatizando os desafios para que pais e avós compreendam o cenário completo. Aguarde enquanto aprimoro o capítulo.

CAPÍTULO 1: O MUNDO DIGITAL E A FORMAÇÃO DA IDENTIDADE ADOLESCENTE

A Revolução Digital e a Identidade Juvenil

O mundo digital transformou radicalmente a forma como os adolescentes constroem suas identidades. Se antes essa construção ocorria principalmente no ambiente familiar, escolar e entre amigos, hoje, grande parte desse processo acontece no espaço virtual. A internet permite que os jovens explorem diferentes aspectos de sua personalidade, interajam com diversas culturas e acessem um volume imenso de informações que moldam sua visão de mundo. No entanto, essa nova realidade traz desafios consideráveis, especialmente para pais e avós que enfrentam o desafio de criar adolescentes em um ambiente cada vez mais complexo e dinâmico.

Este capítulo aborda os benefícios e riscos dessa nova era digital, ajudando pais e avós a compreenderem como os jovens moldam sua identidade online e como podem orientá-los para uma experiência mais saudável.

Os Benefícios da Internet na Construção da Identidade Adolescente

A internet oferece uma plataforma poderosa para o crescimento pessoal e a autoexpressão dos jovens. Através dela, os adolescentes podem encontrar comunidades de apoio, desenvolver habilidades criativas e expandir seu conhecimento sobre o mundo.

1. Acesso ao Conhecimento e Desenvolvimento Pessoal

A internet democratizou o acesso à informação, permitindo que os adolescentes aprendam sobre qualquer assunto com apenas alguns cliques. Plataformas como YouTube, Khan Academy e Coursera oferecem cursos sobre temas variados, possibilitando o desenvolvimento intelectual e profissional desde cedo.

Além disso, a internet facilita o aprendizado de novas línguas, promove o contato com diferentes culturas e possibilita o desenvolvimento de talentos artísticos, musicais e literários. Muitos jovens descobrem vocações e interesses que talvez nunca tivessem explorado sem o ambiente digital.

2. Autoexpressão e Conexões Positivas

As redes sociais proporcionam um espaço onde os adolescentes podem expressar suas opiniões, compartilhar seus talentos e se conectar com pessoas que compartilham interesses semelhantes. Para muitos, isso é uma forma de reforçar sua identidade e encontrar um senso de pertencimento.

Grupos de apoio e fóruns especializados ajudam jovens a lidar com questões emocionais, sociais e até acadêmicas. Para aqueles que se sentem isolados em suas realidades locais, a internet pode ser um refúgio onde encontram acolhimento e compreensão.

3. Oportunidades de Empreendedorismo e Crescimento Profissional

Cada vez mais adolescentes estão utilizando a internet para empreender. Seja vendendo produtos artesanais, oferecendo serviços digitais ou criando conteúdo para redes sociais, o mundo digital abriu novas portas para a autonomia financeira dos jovens.

Além disso, muitas empresas já valorizam habilidades adquiridas no ambiente digital, como edição de vídeos, marketing digital e programação, tornando o contato com a tecnologia um diferencial positivo no mercado de trabalho.

Os Riscos e Desafios do Mundo Digital

Apesar dos inúmeros benefícios, a internet também apresenta riscos que podem afetar negativamente o desenvolvimento da identidade adolescente. O excesso de exposição, a busca pela aceitação e a influência dos algoritmos podem levar a desafios emocionais e sociais sérios.

1. A Pressão por Aceitação e a Comparação Social

As redes sociais criaram um ambiente onde a validação se tornou uma moeda social. Muitos adolescentes passam a medir sua autoestima com base no número de curtidas, seguidores e comentários, o que pode gerar ansiedade e baixa autoestima.

A exposição constante a influenciadores e celebridades digitais reforça padrões irreais de beleza, sucesso e felicidade. Isso pode levar a distorções na autoimagem e a comportamentos prejudiciais, como transtornos alimentares e depressão.

Dica para pais e avós:
- Incentive conversas sobre autoestima e autovalorização fora do ambiente digital.
- Ensine a diferença entre a vida real e a versão filtrada das redes sociais.
- Promova atividades offline que reforcem a identidade e a confiança do adolescente.

2. A Identidade Fluida e o Perigo da Autenticidade Perdida

No ambiente digital, é comum que os adolescentes experimentem diferentes versões de si mesmos, alterando sua forma de se expressar para se encaixar em determinados grupos. Isso pode ser positivo em termos de autodescoberta, mas também pode levar à perda da autenticidade e ao desenvolvimento de múltiplas personas desconectadas da realidade.

Dica para pais e avós:
- Incentive o adolescente a valorizar sua individualidade.
- Converse sobre a importância da autenticidade e do equilíbrio entre vida online e offline.
- Observe mudanças bruscas no comportamento e esteja atento a sinais de crise de identidade.

3. O Perigo dos Algoritmos e a Radicalização

As plataformas digitais utilizam algoritmos que personalizam o conteúdo com base nos interesses do usuário. Isso cria "bolhas" de informação, onde os adolescentes são expostos apenas a conteúdos que reforçam suas crenças, dificultando o pensamento crítico.

Em alguns casos, essa dinâmica pode levar à exposição a ideologias extremas, desinformação e teorias conspiratórias. Jovens vulneráveis podem ser influenciados por discursos de ódio, tornando-se intolerantes e resistentes a pontos de vista diferentes.

Dica para pais e avós:

- Incentive o adolescente a buscar informações de fontes diversas e confiáveis.
- Discuta diferentes perspectivas sobre temas importantes e promova o pensamento crítico.
- Monitore os conteúdos consumidos e esteja atento a mudanças de comportamento.

4. Cyberbullying e a Vulnerabilidade Emocional

O anonimato na internet pode levar a comportamentos agressivos e ao cyberbullying. Muitos adolescentes são vítimas de ataques virtuais, o que pode gerar traumas emocionais profundos.

Além disso, a pressão para manter uma imagem perfeita pode levar ao medo de exposição e ao desenvolvimento de ansiedade social.

Dica para pais e avós:

- Converse sobre os perigos do cyberbullying e ensine como agir diante de situações de abuso.
- Crie um ambiente seguro para que o adolescente se sinta à vontade para compartilhar suas experiências.
- Estabeleça limites saudáveis para o uso da internet e promova atividades fora do mundo digital.

O Papel dos Pais e Avós na Educação Digital

O mundo digital é uma realidade que não pode ser ignorada. Ele oferece inúmeras oportunidades para os adolescentes crescerem, aprenderem e se conectarem, mas também apresenta riscos que precisam ser gerenciados com sabedoria.

Pais e avós desempenham um papel fundamental nesse processo. Com diálogo aberto, acompanhamento ativo e incentivo ao equilíbrio entre o mundo online e offline, é possível garantir que os jovens aproveitem os benefícios da internet sem cair nas armadilhas da era digital.

O desafio não é proibir ou demonizar a tecnologia, mas sim educar, orientar e fornecer ferramentas para que os adolescentes desenvolvam uma relação saudável com o mundo digital, construindo uma identidade forte e autêntica em meio às mudanças do século XXI.

Entendido! Vou reformular o texto para evitar repetições, trazendo novos elementos e aprofundando a discussão sem redundâncias. Aqui está a versão ajustada:

O Papel das Redes Sociais na Validação e Autoestima

As redes sociais desempenham um papel central na vida dos adolescentes, influenciando diretamente sua percepção de si mesmos e do mundo ao seu redor. Em uma fase da vida marcada por inseguranças e busca por pertencimento, as plataformas digitais podem atuar tanto como aliadas quanto como fontes de pressão e frustração. O desejo de aceitação e reconhecimento online leva muitos jovens a construir uma identidade digital cuidadosamente editada, na qual a validação externa se torna um fator determinante para a autoestima.

A Influência da Validação Digital

A necessidade de aprovação sempre fez parte da adolescência, mas, com as redes sociais, essa dinâmica se intensificou. Agora, a aceitação social pode ser quantificada em curtidas, comentários e compartilhamentos, criando uma métrica pública do que é considerado popular ou desejável. Esse sistema reforça a ideia de que o valor de uma pessoa está diretamente ligado à sua presença digital, um conceito perigoso para jovens em formação.

O efeito psicológico desse processo pode ser sutil, mas profundo.

Quando uma postagem recebe muitas interações, o adolescente experimenta uma sensação de euforia e pertencimento. No entanto, quando a resposta é menor do que o esperado, a frustração e a dúvida sobre si mesmo podem surgir. Esse ciclo vicioso pode levar à dependência da validação externa, onde a autoestima é constantemente moldada pela aceitação digital, em vez de ser construída com base na autoconfiança e em conquistas reais.

O Perigo da Comparação Constante

Além da busca por aprovação, outro fator que impacta a autoestima dos adolescentes é a comparação constante. As redes sociais apresentam um mundo cuidadosamente editado, onde influenciadores, colegas e celebridades compartilham apenas os melhores momentos de suas vidas. Viagens luxuosas, corpos padronizados, relacionamentos perfeitos e conquistas profissionais são exibidos como se fossem a norma, levando muitos jovens a se sentirem inadequados.

Esse fenômeno tem efeitos diretos na saúde mental. Estudos apontam uma correlação entre o uso excessivo das redes sociais e o aumento de quadros de ansiedade e depressão entre adolescentes. A exposição contínua a padrões irreais pode gerar uma pressão interna para atender a expectativas inatingíveis, minando a confiança e aumentando sentimentos de insatisfação pessoal.

Cyberbullying e Rejeição Online

Outro aspecto preocupante é o impacto das redes sociais em casos de cyberbullying e exclusão digital. Diferente do bullying tradicional, o cyberbullying não se limita ao ambiente escolar — ele invade o espaço pessoal do adolescente, podendo ocorrer a qualquer momento do dia. Comentários maldosos, ataques em postagens e até a exclusão de grupos digitais podem ser devastadores para a autoestima juvenil.

A rejeição online, seja na forma de poucas interações ou de críticas diretas, pode ser interpretada por um adolescente como um reflexo de seu valor pessoal. Isso intensifica o medo de ser ignorado ou não aceito, levando alguns jovens a adotarem comportamentos artificiais para ganhar visibilidade, como seguir tendências prejudiciais ou até mesmo expor-se de maneira arriscada para obter atenção.

A Construção de uma Autoestima Saudável no Mundo Digital

Diante desses desafios, o papel dos pais e avós é essencial para ajudar os adolescentes a desenvolverem uma relação equilibrada com as redes sociais. Algumas abordagens eficazes incluem:

- **Promover a autoestima baseada em valores internos** – Ensinar os jovens a valorizarem suas habilidades, conquistas e qualidades reais, em vez de dependerem da validação online.
- **Fomentar um olhar crítico sobre as redes sociais** – Mostrar que a maioria dos conteúdos postados é cuidadosamente filtrada e não representa a realidade.
- **Criar espaços de conversa sem julgamentos** – Muitos adolescentes hesitam em compartilhar suas dificuldades por medo de críticas. Um ambiente de escuta ativa e compreensão pode ajudá-los a lidar melhor com os desafios digitais.
- **Estabelecer limites saudáveis** – Incentivar momentos offline, como hobbies, esportes e interações presenciais, para que os adolescentes tenham uma identidade construída além das telas.

As redes sociais são ferramentas poderosas que podem fortalecer ou fragilizar a autoestima dos jovens, dependendo de como são utilizadas. Quando usadas com consciência, podem ser espaços de aprendizado e conexão genuína. No entanto, sem orientação, podem se tornar fontes de estresse e insegurança. O desafio dos pais e avós, portanto, é guiar os adolescentes para que aproveitem o lado positivo desse universo digital sem se tornarem reféns da validação externa.

Adendo: A Ilusão dos Filtros e a Pressão pela Perfeição

A busca pela perfeição estética nunca foi tão intensa quanto na era digital. Com a popularização dos filtros e edições de imagem, muitos adolescentes passaram a se enxergar não como realmente são, mas como gostariam de ser, segundo um padrão idealizado que domina as redes sociais. Embora existam discursos que incentivam a aceitação do corpo e da aparência natural, a realidade é que os conteúdos que mais recebem curtidas e engajamento seguem um padrão estético rígido: pele impecável, rostos simétricos, cabelos brilhantes e corpos esguios ou musculosos.

Esse cenário gera uma pressão silenciosa, mas implacável. Jovens, especialmente meninas, sentem a necessidade de corresponder a esses padrões, muitas vezes recorrendo a maquiagem desde cedo para esconder imperfeições ou criar traços mais harmônicos. O uso de produtos como bases de alta cobertura, contornos faciais e cílios postiços se tornou comum já na pré-adolescência, uma fase em que a autoimagem ainda está em formação.

Além disso, um número crescente de adolescentes tem buscado procedimentos estéticos para alterar suas feições antes mesmo da fase adulta. Aplicações de botox preventivo, preenchimentos labiais, harmonizações faciais e até cirurgias plásticas, que antes eram exclusivas de adultos, agora fazem parte do universo dos jovens. Influenciados por celebridades e influenciadores, muitos sentem que sua aparência natural não é suficiente e que precisam de "ajustes" para se encaixar no padrão que a internet reforça diariamente.

Os riscos desse comportamento são profundos. A insatisfação constante com a própria imagem pode desencadear transtornos de imagem corporal, ansiedade e depressão. A dependência de filtros e maquiagem para se sentir bonito pode levar a uma desconexão entre a identidade real e a identidade digital, criando um ciclo perigoso de insegurança e baixa autoestima. Além disso, a realização precoce de procedimentos estéticos pode trazer complicações de saúde e arrependimentos futuros, já que o corpo ainda está em desenvolvimento.

Diante desse cenário, cabe aos pais e responsáveis ficarem atentos e promoverem conversas sobre autoaceitação, autoestima e os perigos de buscar validação exclusivamente pela aparência. É essencial ensinar aos jovens que sua identidade vai muito além da estética e que a pressão por uma imagem perfeita pode ser um fardo pesado demais para carregar.

O Fenômeno do "Doomscrolling" e Seus Efeitos na Saúde Mental

Nos últimos anos, um comportamento tem se tornado cada vez mais comum entre os usuários da internet, especialmente os adolescentes: o **doomscrolling**. O termo, que pode ser traduzido como "rolagem da desgraça", descreve o hábito de consumir compulsivamente notícias negativas e conteúdos angustiantes, muitas vezes sem perceber o impacto que isso causa na saúde mental. Esse fenômeno ganhou força com a ascensão das redes sociais e a facilidade de acesso a informações em tempo real, criando um ciclo vicioso que pode levar à ansiedade, estresse e até depressão.

Por que o Doomscrolling é Tão Viciante?

O doomscrolling está diretamente ligado ao funcionamento do nosso cérebro. O ser humano tem uma tendência natural a dar mais atenção a notícias negativas do que a positivas — um mecanismo evolutivo que ajudava nossos ancestrais a se protegerem de perigos. No entanto, no ambiente digital, essa predisposição se tornou uma armadilha. As redes sociais e os algoritmos das plataformas priorizam conteúdos que geram maior engajamento, e, como os temas negativos costumam despertar emoções fortes, são eles que aparecem com mais frequência no feed dos usuários.

A sensação de "não conseguir parar de rolar" se deve à estrutura das plataformas digitais, que utilizam o **scroll infinito** para manter os usuários presos ao conteúdo. Cada nova notícia trágica ou assustadora libera pequenas doses de cortisol, o hormônio do estresse, que mantém o cérebro em estado de alerta. Isso pode gerar uma falsa sensação de controle — a crença de que, ao consumir mais informações, a pessoa estará mais preparada para lidar com o mundo —, quando, na verdade, o efeito é o oposto: um estado de sobrecarga emocional e desgaste mental.

Os Efeitos do Doomscrolling na Saúde Mental

O impacto psicológico desse hábito pode ser devastador, especialmente para adolescentes, cujo cérebro ainda está em desenvolvimento. Entre os principais problemas causados pelo doomscrolling, destacam-se:

- **Ansiedade e estresse crônico:** O consumo excessivo de notícias negativas pode desencadear crises de ansiedade, além de manter o corpo em um estado constante de tensão.
- **Sensação de impotência:** A exposição contínua a tragédias, desastres e conflitos cria a ilusão de que o mundo está em colapso e que nada pode ser feito para mudar a situação. Isso pode levar a um sentimento de desesperança e pessimismo extremo.
- **Insônia e fadiga mental:** O hábito de rolar o feed antes de dormir pode dificultar o relaxamento e a produção de melatonina, prejudicando a qualidade do sono e resultando em cansaço excessivo no dia seguinte.
- **Depressão e isolamento:** A visão negativa constante pode afetar o humor e levar a um estado de apatia, diminuindo o interesse por atividades sociais e até mesmo pela vida cotidiana.

Como Quebrar o Ciclo do Doomscrolling?

Para pais e responsáveis, é essencial ajudar os adolescentes a desenvolverem uma relação mais saudável com a internet e as redes sociais. Algumas estratégias eficazes incluem:

- **Estabelecer limites de tempo de uso:** Definir horários específicos para o consumo de notícias e incentivar pausas no uso das redes sociais pode reduzir a exposição excessiva a conteúdos negativos.
- **Incentivar o consumo consciente de informações:** Ensinar os jovens a verificar fontes confiáveis e equilibrar o tipo de conteúdo que consomem pode evitar

a sensação de sobrecarga.

- **Promover momentos de desconexão:** Estimular atividades fora do mundo digital, como esportes, hobbies e tempo de qualidade em família, ajuda a criar um equilíbrio saudável entre o online e o offline.
- **Praticar o autocuidado emocional:** Técnicas de mindfulness, meditação e exercícios físicos podem auxiliar no controle da ansiedade e na manutenção da saúde mental.

O doomscrolling é um fenômeno preocupante, mas pode ser combatido com conscientização e mudanças de hábito. Ensinar os adolescentes a navegar na internet de maneira equilibrada é essencial para que usem a tecnologia a seu favor, sem comprometer sua saúde emocional.

CAPÍTULO 2: SUBCULTURAS DA INTERNET E SEUS PERIGOS

O Movimento Incel (Celibatários Involuntários) e Seus Riscos

Com a expansão da internet e das redes sociais, diversas subculturas e comunidades online surgiram, algumas delas oferecendo apoio e senso de pertencimento a seus membros. No entanto, certos grupos cresceram de maneira preocupante, difundindo ideologias extremas e potencialmente perigosas. Um desses grupos é o dos **Incels (Involuntary Celibates ou Celibatários Involuntários)**, uma comunidade que começou como um espaço para desabafos sobre dificuldades românticas, mas que, com o tempo, se transformou em um ambiente tóxico, marcado por ressentimento, misoginia e, em alguns casos, apologia à violência.

O Que São os Incels?

Os Incels são homens, geralmente jovens, que se identificam como celibatários involuntários, ou seja, acreditam que, por fatores externos como aparência física ou falta de habilidades sociais, são incapazes de atrair parceiras românticas ou sexuais. O termo surgiu nos anos 90 em um fórum criado por uma mulher que buscava discutir experiências de solidão e dificuldades nos relacionamentos. No entanto, o movimento evoluiu para uma subcultura predominantemente masculina, onde a frustração com a vida amorosa se transformou em um discurso de ódio contra mulheres e homens que são bem-sucedidos nos relacionamentos.

Dentro das comunidades Incel, há uma forte crença na "hipergamia feminina" — a ideia de que as mulheres só se interessam por homens de alto status social e aparência física privilegiada. Como consequência, muitos membros do grupo acreditam que estão fadados a uma vida de solidão e desenvolvem um ressentimento intenso em relação ao sexo oposto, vendo as mulheres como responsáveis diretas por seu sofrimento.

A Mentalidade Incel e o Perigo da Radicalização

Embora nem todos os Incels sejam violentos, a comunidade frequentemente reforça ideias perigosas, incluindo:

- **Misoginia extrema:** Muitas discussões dentro dos fóruns Incel giram em torno da culpabilização das mulheres por suas frustrações e da crença de que elas manipulam e rejeitam homens que não atendem a seus padrões irreais.
- **Vitimismo e fatalismo:** Os Incels tendem a acreditar que seu destino já está selado e que, por mais que tentem, nunca conseguirão ter um relacionamento. Isso pode levar a um sentimento profundo de desespero e, em alguns casos, a comportamentos autodestrutivos.
- **Cultura de ressentimento e ódio:** O ambiente das comunidades Incel reforça a raiva contra mulheres e contra homens que são vistos como "superiores" (chamados de "Chads", ou seja, homens atraentes e bem-sucedidos).
- **Apologia à violência:** Embora nem todos os Incels sejam violentos, houve casos notórios de ataques cometidos por indivíduos que se identificavam com essa ideologia. O mais famoso foi o de **Elliot Rodger**, que, em 2014, matou seis pessoas em Isla Vista, Califórnia, deixando um manifesto onde expressava seu ódio pelas mulheres e por homens que tinham sucesso com elas. Esse e outros casos serviram de inspiração para membros extremistas da comunidade, que glorificam esses assassinos como "heróis" e "mártires" da causa Incel.

Os Riscos para Jovens e Adolescentes

O perigo da subcultura Incel se intensifica devido à facilidade com que jovens e adolescentes podem ser atraídos para essas comunidades. Muitos jovens passam por dificuldades naturais na adolescência, incluindo insegurança sobre sua aparência e frustrações amorosas. Se não encontram apoio saudável, podem buscar respostas na internet e acabar caindo em fóruns e grupos Incel, onde suas inseguranças são validadas, mas de maneira destrutiva.

Os fóruns Incel utilizam uma linguagem e uma cultura próprias, que atraem jovens em busca de pertencimento. Termos como:

- **"Blackpill"** – Crença fatalista de que não há solução para sua condição, a não ser aceitar que nunca terão sucesso amoroso.
- **"Looksmaxxing"** – Ideia de que apenas mudanças drásticas na aparência (como cirurgias plásticas) poderiam melhorar sua vida.
- **"Stacy e Chad"** – Personagens fictícios que representam mulheres atraentes e homens desejáveis, vistos como os "vilões" do universo Incel.

Essa forma de pensamento pode levar a problemas graves, como isolamento social, depressão e, em casos extremos, pensamentos suicidas ou violentos.

Como Proteger Jovens desse Tipo de Influência?

Pais e responsáveis precisam estar atentos a sinais de que seus filhos podem estar sendo influenciados por comunidades extremistas como a dos Incels. Algumas medidas incluem:

- **Diálogo aberto e acolhedor:** Muitos jovens se sentem envergonhados ao falar sobre suas inseguranças amorosas. Criar um ambiente de escuta e compreensão pode ajudá-los a buscar apoio em fontes saudáveis.
- **Monitoramento do conteúdo consumido online:** Não se trata de vigiar constantemente, mas sim de estar atento aos sites, fóruns e influenciadores que os adolescentes seguem.
- **Estimular autoestima e habilidades sociais:** Ensinar aos jovens que a rejeição faz parte da vida e que a

confiança e o respeito são fundamentais para qualquer relacionamento saudável.

- **Educação sobre relacionamentos e empatia:** Mostrar que relacionamentos não são baseados apenas em aparência física e que a reciprocidade e o respeito são fundamentais para conexões saudáveis.
- **Buscar apoio profissional, se necessário:** Se um jovem demonstra sinais de depressão, isolamento ou pensamentos extremistas, é essencial procurar ajuda psicológica.

O movimento Incel exemplifica como certas comunidades online podem transformar frustrações legítimas em ideologias extremistas e perigosas. Embora muitos jovens possam inicialmente se identificar com a solidão e as dificuldades amorosas discutidas nesses grupos, o ambiente altamente tóxico e misógino acaba reforçando sentimentos de ódio e vitimismo, afastando-os de soluções reais e saudáveis.

Para pais, educadores e responsáveis, entender o que são os Incels e como operam na internet é fundamental para proteger os jovens desse tipo de influência. Ao promover conversas abertas sobre autoestima, relacionamentos e o impacto das redes sociais, podemos oferecer alternativas positivas para que adolescentes lidem com suas frustrações sem recorrer a ideologias destrutivas.

O Red Pill: A "Verdade" Masculina Distorcida

Nos últimos anos, o termo **"Red Pill"** emergiu como um conceito central em comunidades masculinas online que promovem uma visão distorcida da dinâmica de gênero. Inspirado pelo filme *Matrix*, onde o protagonista toma uma pílula vermelha para "acordar" e enxergar a verdade oculta sobre a realidade, o Red Pill na internet representa uma suposta "desilusão" sobre o papel dos homens e das mulheres na sociedade. No entanto, longe de ser uma revelação neutra ou objetiva, essa filosofia se tornou um espaço para a propagação de ideias sexistas, vitimização masculina e, em casos extremos, apologia à misoginia e ao desprezo pelas mulheres.

Para pais e responsáveis, compreender o que é a cultura Red Pill e como ela pode afetar a mentalidade dos jovens é essencial para evitar que adolescentes caiam nessa armadilha ideológica.

O Que é o Movimento Red Pill?

O movimento Red Pill surgiu dentro da chamada **"manosphere"** (esfera masculina da internet), uma rede de fóruns e comunidades voltadas para discutir temas relacionados à masculinidade. Embora tenha começado como um espaço para compartilhar experiências sobre namoro e desenvolvimento pessoal, muitas dessas discussões tomaram um rumo radical, promovendo a ideia de que os homens foram enganados pela sociedade moderna e precisam "acordar" para uma suposta verdade sobre as mulheres.

Os Principais Conceitos da Filosofia Red Pill

Dentro da cultura Red Pill, algumas crenças são amplamente disseminadas:

- **Hipergamia Feminina**: A ideia de que as mulheres são naturalmente programadas para buscar o parceiro de status mais alto possível, descartando qualquer homem que não atenda a seus padrões elevados. Segundo essa visão, os relacionamentos são sempre baseados em interesse e conveniência, e não em amor e companheirismo genuínos.
- **Mulheres não se importam com homens comuns**: Defende-se que as mulheres só valorizam os chamados **"Chads"** (homens muito atraentes e bem-sucedidos) e que homens "médios" ou tímidos são constantemente ignorados ou usados. Essa crença reforça a insegurança de muitos jovens, levando-os a ver as mulheres como adversárias e não como potenciais parceiras.
- **O Homem como "Alvo" da Sociedade Moderna**:

Muitos adeptos do Red Pill acreditam que há uma conspiração feminista que visa enfraquecer e subjugar os homens, minando sua masculinidade e incentivando comportamentos "fracos" e "submissos". Esse pensamento leva muitos jovens a rejeitarem qualquer discurso sobre igualdade de gênero e a se fecharem em bolhas online que reforçam sua visão negativa do mundo.

- **Alfa vs. Beta**: Um dos conceitos mais populares dentro do Red Pill é a distinção entre "homens alfa" e "homens beta".
    - O **homem alfa** é descrito como dominante, bem-sucedido, fisicamente atraente e irresistível para as mulheres. Ele não se importa com sentimentos e sabe "jogar o jogo" para obter o que quer.
    - O **homem beta** é considerado fraco, submisso e ingênuo, alguém que acredita no amor verdadeiro e que, por isso, acaba sendo explorado pelas mulheres.

    Esse tipo de classificação binária ignora completamente as complexidades dos relacionamentos humanos e leva muitos jovens a acreditar que devem imitar um comportamento agressivo e manipulador para serem valorizados.
- **A "Matrix Feminista" e a Sociedade "Despertada"**: Os adeptos do Red Pill acreditam que vivemos em uma "Matrix Feminista", onde os homens são ensinados desde cedo a agradar as mulheres, apenas para serem descartados e explorados. Segundo essa visão, apenas aqueles que "acordam" para essa suposta verdade conseguem evitar ser vítimas da sociedade e se tornam "homens de verdade".

O Perigo do Red Pill para Jovens e Adolescentes

Embora muitos jovens possam ser atraídos para essas ideias buscando respostas para suas inseguranças, o Red Pill pode gerar sérias consequências psicológicas e sociais.

1. Desenvolvimento de um Pensamento Hostil e Misógino

A exposição prolongada a conteúdos Red Pill pode levar adolescentes a desenvolverem uma visão completamente distorcida das mulheres. Em vez de enxergá-las como indivíduos com sentimentos, experiências e desejos próprios, passam a vê-las como manipuladoras ou até mesmo como inimigas. Essa mentalidade pode dificultar a construção de relacionamentos saudáveis no futuro e alimentar um ressentimento profundo contra o sexo oposto.

2. Reforço da Insegurança e Isolamento Social

O movimento Red Pill se vende como um caminho para o autoconhecimento e a superação, mas, na prática, acaba aprofundando a insegurança dos jovens. Ao alimentar a crença de que a sociedade está contra eles e que nunca serão desejados por mulheres "de verdade", muitos adolescentes se sentem ainda mais desmotivados para melhorar sua vida social. Isso pode resultar em um isolamento crescente, aumento da ansiedade e até depressão.

3. O Caminho para a Radicalização

O Red Pill pode ser a porta de entrada para ideologias ainda mais extremas, como o **Black Pill** (a versão fatalista do Red Pill, que afirma que os homens feios e pobres nunca terão chance na vida) e comunidades de **Incels**. Alguns jovens começam apenas consumindo vídeos sobre "como melhorar sua confiança com as mulheres" e acabam presos em um ciclo de ódio e desespero, com impactos devastadores para sua saúde mental.

4. Influência na Tomada de Decisões Importantes

O pensamento Red Pill pode fazer com que jovens adotem comportamentos destrutivos em sua vida pessoal e profissional. Ao rejeitar a importância da comunicação, do respeito e da empatia nos relacionamentos, muitos podem acabar sabotando suas próprias oportunidades de crescimento emocional e social.

Como Pais e Responsáveis Podem Identificar e Lidar com essa Influência?

Se um adolescente começa a demonstrar crenças ligadas ao Red Pill, é fundamental que pais e responsáveis ajam com atenção e cuidado. Algumas estratégias incluem:

- **Observar mudanças no comportamento**: Comentários sobre como "as mulheres só querem dinheiro", "o mundo está contra os homens" ou "ser bonzinho não adianta" podem indicar influência do Red Pill.
- **Criar um espaço seguro para conversas**: Evite julgamentos diretos. Muitos jovens chegam ao Red Pill por se sentirem rejeitados e inseguros. Em vez de confrontá-los com agressividade, faça perguntas e incentive o pensamento crítico.
- **Ensinar sobre relacionamentos saudáveis**: Explique que o respeito e a empatia são fundamentais para qualquer relação e que a visão distorcida promovida pelo Red Pill não reflete a realidade.
- **Monitorar o consumo de conteúdo online**: Incentive o adolescente a consumir materiais positivos sobre masculinidade e desenvolvimento pessoal, como livros e palestras que promovam autoconfiança sem incentivar o ódio.
- **Buscar apoio psicológico se necessário**: Se um jovem estiver apresentando sinais de isolamento extremo, raiva excessiva ou depressão, é importante procurar um profissional que possa ajudá-lo a lidar com suas emoções de forma saudável.

O movimento Red Pill se apresenta como um caminho para o "despertar" masculino, mas, na realidade, cria um ciclo destrutivo de ressentimento, isolamento e misoginia. Jovens que entram nesse universo são expostos a ideias prejudiciais que podem comprometer seu bem-estar emocional e sua capacidade de construir relacionamentos saudáveis.

Para pais e educadores, a melhor forma de combater essa influência é com informação, diálogo e acolhimento. Ao ensinar os jovens a desenvolver uma autoestima baseada no respeito próprio e na empatia, é possível evitar que sejam capturados por discursos extremistas que apenas alimentam sua frustração e insegurança.

O Black Pill: A Visão Pessimista e Fatalista da Masculinidade

Entre as diversas subculturas da internet voltadas para jovens inseguros em relação à própria identidade e ao seu lugar no mundo, o **Black Pill** representa uma das mais perigosas e destrutivas. Se o **Red Pill** já distorce a realidade dos relacionamentos e promove uma mentalidade de antagonismo entre os sexos, o **Black Pill** leva esse pessimismo ao extremo, convencendo seus seguidores de que não há qualquer esperança ou possibilidade de mudança.

Dentro dessa ideologia, a crença central é que certos fatores imutáveis, como aparência física e genética, determinam completamente o valor de um homem na sociedade e que, para muitos, simplesmente não há solução. O resultado desse pensamento é um ciclo de desespero, raiva e, em alguns casos, tendências destrutivas que podem levar ao isolamento social, ao ódio extremista e até mesmo a atos de violência.

Para pais e responsáveis, entender o que é o **Black Pill** e como essa mentalidade pode afetar os adolescentes é essencial para evitar que jovens caiam nesse buraco negro emocional e psicológico.

O Que é o Movimento Black Pill?

O termo **Black Pill** (ou "Pílula Preta") tem origem na mesma metáfora de *Matrix* usada pelo Red Pill. Porém, enquanto o Red Pill defende que os homens podem "acordar" para uma suposta verdade sobre as mulheres e a sociedade para então "jogar o jogo", o **Black Pill prega que nada pode ser feito**. Segundo essa filosofia, a genética e a aparência física determinam tudo e, para aqueles que não nasceram dentro dos padrões desejados, o destino é o fracasso absoluto.

As Principais Crenças do Black Pill

Os adeptos do Black Pill seguem uma lógica extremamente pessimista sobre a vida, onde diversos conceitos radicais são aceitos como verdades absolutas:

- **"Looksmaxxing" e a Ditadura da Aparência**: Dentro da comunidade Black Pill, há a crença de que a única maneira de um homem melhorar sua vida é tornando-se mais atraente fisicamente, o que leva muitos jovens a desenvolverem obsessão por cirurgias plásticas, uso extremo de anabolizantes e até práticas arriscadas para alterar características faciais.
- **"Chads e Normies" vs. "Subhumanos"**: O Black Pill classifica os homens em três categorias:
    - **"Chads"**: Homens extremamente atraentes, geneticamente privilegiados e que possuem vidas amorosas e sociais perfeitas.
    - **"Normies"**: Homens medianos que podem se dar bem na vida, mas nunca alcançarão o topo.
    - **"Subhumanos"**: Homens considerados "feios demais" para serem amados ou aceitos na sociedade. Segundo essa crença, quem pertence a essa categoria está fadado ao fracasso.
- **"O Determinismo Genético"**: Diferente do Red Pill, que acredita que um homem pode melhorar sua posição aprendendo a manipular ou "jogar o jogo" das mulheres, o Black Pill afirma que não há como escapar do destino biológico. Se um jovem nasce feio ou fora dos padrões de beleza, ele está condenado a uma vida de solidão e sofrimento.
- **"O Celibato Involuntário é Inevitável"**: Os Blackpillers acreditam que, para muitos homens, a possibilidade de

ter relacionamentos afetivos ou sexuais simplesmente não existe. O termo "Incel" (celibatário involuntário) se tornou popular dentro desse espaço, e muitos jovens internalizam essa crença como uma realidade inalterável.

- **"A Sociedade Está Contra Você"**: Além da genética, a comunidade Black Pill também dissemina a ideia de que o mundo moderno reforça a opressão contra homens "feios" e que a mídia, a cultura e até o feminismo trabalham para garantir que esses homens sejam rejeitados e excluídos.

Os Perigos do Black Pill para Jovens e Adolescentes

Diferente do Red Pill, que pelo menos oferece aos seus seguidores uma falsa sensação de controle sobre suas vidas, o Black Pill empurra os jovens para o **desespero absoluto**, criando uma espiral de negatividade que pode ter graves consequências para a saúde mental e emocional.

1. Aumento do Risco de Depressão e Suicídio

A mentalidade Black Pill destrói qualquer perspectiva de esperança, convencendo seus seguidores de que a vida não tem solução. Muitos jovens que entram nesse universo relatam sintomas graves de depressão e até pensamentos suicidas, pois sentem que nunca serão aceitos ou amados.

2. Isolamento Social e Deterioração da Autoestima

Por acreditar que sua aparência os condena ao fracasso, muitos jovens deixam de tentar socializar, evitando contato com outras pessoas e se fechando em comunidades virtuais que reforçam suas inseguranças. Isso cria um ciclo vicioso: quanto mais se isolam, menos oportunidades têm de desenvolver habilidades sociais e mais acreditam que realmente não têm valor.

3. Radicalização e Risco de Comportamento Violento

O desespero e a raiva promovidos pelo Black Pill podem levar alguns jovens a canalizar esse ressentimento de forma destrutiva.

Em casos extremos, alguns membros dessas comunidades acabam se tornando autores de crimes violentos, como ataques a escolas e feminicídios. Um exemplo trágico disso foi o caso de **Elliot Rodger**, que, em 2014, cometeu um ataque em Isla Vista, Califórnia, deixando seis mortos. Antes do crime, ele divulgou um manifesto onde expressava seu ódio às mulheres e à sociedade por rejeitá-lo.

4. Obsessão com Procedimentos Estéticos e "Looksmaxxing"

Jovens influenciados pelo Black Pill muitas vezes recorrem a intervenções drásticas para tentar melhorar sua aparência. Alguns passam a fazer cirurgias plásticas em excesso, adotam uso indiscriminado de anabolizantes ou buscam métodos caseiros perigosos para modificar sua estrutura óssea, o que pode levar a sérios danos à saúde.

Como Pais e Responsáveis Podem Identificar e Lidar com essa Influência?

Se um adolescente começa a demonstrar comportamentos ligados ao Black Pill, é fundamental que pais e responsáveis ajam rapidamente para evitar que ele se afunde nesse ciclo destrutivo. Algumas estratégias incluem:

- **Observar mudanças no comportamento**: Se o jovem começa a expressar ideias fatalistas como "minha vida já acabou", "ninguém nunca vai me querer" ou "sou feio demais para ser feliz", isso pode ser um sinal de alerta.
- **Incentivar o diálogo e oferecer apoio emocional**: Muitos jovens que entram nesse mundo estão apenas buscando validação e pertencimento. Criar um ambiente seguro onde eles possam expressar suas inseguranças sem medo de julgamento pode ajudá-los a sair dessa mentalidade destrutiva.
- **Desmistificar as crenças do Black Pill**: A ideia de que a aparência define todo o valor de uma pessoa

é falsa e extremamente prejudicial. Mostrar exemplos de homens que alcançaram sucesso e felicidade sem se encaixar nos padrões de beleza pode ajudar a desconstruir essa visão fatalista.

- **Buscar ajuda profissional**: Se um jovem já está demonstrando sinais de depressão severa ou isolamento extremo, procurar um psicólogo ou terapeuta pode ser essencial para ajudá-lo a recuperar sua autoestima e sua perspectiva de vida.

O Black Pill representa um dos aspectos mais sombrios da cultura digital, convencendo jovens de que não há solução para suas dificuldades e levando muitos a desenvolverem um ódio profundo por si mesmos e pelo mundo ao seu redor. O impacto dessa mentalidade pode ser devastador, tanto para a saúde mental quanto para a segurança desses jovens e das pessoas ao seu redor.

Para pais e responsáveis, combater essa influência exige paciência, informação e um olhar atento às mudanças no comportamento dos adolescentes. Criar um espaço onde possam falar sobre suas inseguranças sem medo de julgamento e mostrar que há caminhos saudáveis para o crescimento pessoal pode ser a chave para evitar que se percam nesse abismo de desespero.

MGTOW: Homens que Rejeitam Relacionamentos com Mulheres

Entre as subculturas da internet que promovem uma visão radical sobre as relações entre homens e mulheres, o **MGTOW** (*Men Going Their Own Way* ou "Homens Seguindo Seu Próprio Caminho") se destaca como um movimento que defende o afastamento total dos homens da vida afetiva, sexual e, em alguns casos, até social com mulheres.

A princípio, pode parecer apenas um grupo de homens que decidiram viver de forma independente, sem a necessidade de envolvimento romântico. No entanto, ao se aprofundar nos fóruns e espaços online onde essa filosofia é discutida, fica claro que há um forte tom de ressentimento e hostilidade em relação ao sexo feminino, muitas vezes promovendo ideias extremas e até misóginas.

Para pais e responsáveis, entender o que é o **MGTOW** e como ele pode impactar adolescentes e jovens adultos é essencial para evitar que meninos sejam doutrinados a rejeitar o contato humano saudável e desenvolverem uma visão distorcida das relações interpessoais.

O Que é o Movimento MGTOW?

O termo **MGTOW** surgiu nos anos 2000 como uma reação ao feminismo e àquilo que seus adeptos veem como uma "sociedade anti-homens". Segundo essa visão, os homens estariam sendo injustamente prejudicados por leis de divórcio, direitos trabalhistas, políticas de igualdade de gênero e mudanças culturais que, supostamente, beneficiam as mulheres às custas dos homens.

Diferente do **Red Pill**, que ensina homens a "jogar o jogo" e manipular mulheres para seu próprio benefício, o **MGTOW prega o afastamento total**. Para seus seguidores, a única maneira de evitar exploração e sofrimento é cortar qualquer laço emocional ou econômico com mulheres e seguir um caminho de completa independência.

Os Níveis do MGTOW

Nem todos os adeptos do MGTOW seguem as mesmas regras. O movimento é dividido em diferentes níveis de afastamento, que variam de uma simples desconfiança em relação às mulheres até a total reclusão da sociedade.

1. **Nível 1 - Desconfiança e Cautela**
    - Homens que ainda se relacionam com mulheres, mas fazem isso de forma cínica, sempre esperando o pior e se protegendo de supostas "armadilhas", como casamento e filhos.

2. **Nível 2 - Rejeição do Casamento e Relacionamentos Sérios**
    - Aqui, os homens já decidiram nunca se casar ou ter relacionamentos sérios, pois acreditam que isso os tornaria vulneráveis a abusos emocionais ou financeiros.
3. **Nível 3 - Celibato Voluntário**
    - Homens que rejeitam completamente qualquer envolvimento sexual ou afetivo com mulheres, acreditando que até mesmo um encontro casual pode resultar em consequências negativas para eles.
4. **Nível 4 - Isolamento Total**
    - No extremo, há homens que evitam qualquer contato com mulheres e, em alguns casos, abandonam completamente a sociedade. Alguns vão viver sozinhos em áreas remotas ou adotam estilos de vida extremos para reduzir ao máximo sua interação com o mundo.

As Crenças Fundamentais do MGTOW

Os seguidores do MGTOW compartilham uma série de crenças que reforçam seu afastamento das mulheres e da sociedade. Entre as mais comuns estão:

- **"As mulheres exploram os homens"**: A visão central do MGTOW é que as mulheres são naturalmente manipuladoras e exploradoras, buscando apenas homens que possam sustentá-las financeiramente.
- **"Casamento é uma armadilha"**: Segundo o MGTOW, casar-se é o pior erro que um homem pode cometer, pois ele estaria assinando um contrato que pode levar à perda de sua liberdade e riqueza em caso de divórcio.
- **"Mulheres não amam de verdade"**: Muitos seguidores

do MGTOW acreditam que as mulheres são incapazes de amar incondicionalmente e que apenas se relacionam com homens quando há benefícios financeiros ou sociais envolvidos.

- **"A sociedade está contra os homens"**: O movimento vê leis sobre assédio, divórcio e igualdade de gênero como parte de uma "agenda feminista" para controlar e enfraquecer os homens.
- **"Homens devem se concentrar em si mesmos"**: O lema do MGTOW é que homens devem buscar sua própria felicidade sem depender de ninguém, principalmente de mulheres. Isso leva muitos seguidores a focarem em hobbies solitários, investimentos financeiros e uma vida de total independência.

Os Perigos do MGTOW para Jovens e Adolescentes

O MGTOW pode parecer inofensivo à primeira vista, mas seu impacto psicológico e social pode ser devastador para jovens que entram nesse universo.

1. Isolamento Social e Falta de Habilidades Emocionais

Ao rejeitar relacionamentos e contatos interpessoais, jovens adeptos do MGTOW acabam desenvolvendo dificuldades sociais severas. Com o tempo, muitos perdem a capacidade de interagir com outras pessoas, tornando-se isolados e incapazes de lidar com frustrações e desafios da vida real.

2. Desenvolvimento de Misoginia e Ódio às Mulheres

O movimento MGTOW frequentemente reforça uma visão negativa e distorcida das mulheres, levando alguns jovens a desenvolverem sentimentos de ódio e desprezo. Em casos extremos, isso pode levar a comportamentos agressivos, discursos de ódio e até violência contra mulheres.

3. Problemas de Saúde Mental

A mentalidade do MGTOW pode levar à depressão e ansiedade, já que muitos jovens que entram nesse movimento já possuem problemas de autoestima e insegurança. A crença de que o mundo está contra eles e que não há saída pode agravar esses quadros e levar ao desenvolvimento de transtornos psicológicos graves.

4. Falta de Perspectiva para o Futuro

Ao adotar a filosofia MGTOW, muitos jovens perdem o interesse em construir relacionamentos, formar família ou até mesmo buscar crescimento profissional e pessoal. Esse desânimo pode resultar em uma vida sem propósito, onde o indivíduo apenas "sobrevive" sem desenvolver conexões significativas.

Como Pais e Responsáveis Podem Identificar e Lidar com essa Influência?

Se um adolescente começa a demonstrar pensamentos e comportamentos ligados ao MGTOW, é essencial agir para evitar que ele se afunde nesse mundo. Algumas estratégias incluem:

- **Observar sinais de isolamento e desconfiança excessiva**: Se o jovem começa a expressar ideias como "mulheres só querem dinheiro" ou "não vale a pena se relacionar com ninguém", isso pode ser um sinal de alerta.
- **Criar um ambiente seguro para conversas**: Muitos jovens que entram no MGTOW estão apenas buscando segurança emocional. Incentivar o diálogo sem julgamentos pode ajudá-los a refletir e reconsiderar essas ideias.
- **Apresentar modelos saudáveis de relacionamento**: Mostrar exemplos reais de casais felizes e equilibrados pode ajudar a desconstruir a visão negativa propagada pelo movimento.
- **Buscar ajuda profissional**: Se o jovem já está profundamente imerso na mentalidade MGTOW e apresenta sinais de depressão ou isolamento extremo, um psicólogo pode ser essencial para ajudá-lo a recuperar sua perspectiva de vida.

O MGTOW é mais do que um movimento de homens buscando independência; em muitos casos, ele se torna um ciclo de isolamento, desilusão e ódio. Embora o desejo de autonomia e crescimento pessoal seja legítimo, o caminho proposto pelo MGTOW leva à desconexão, à desumanização das mulheres e à falta de perspectiva para o futuro.

Para pais e responsáveis, é fundamental estar atento aos sinais de que um jovem pode estar sendo influenciado por essa mentalidade e oferecer apoio para que ele não se perca em um mundo de ressentimento e isolamento. Criar um espaço seguro para conversas, incentivar conexões sociais saudáveis e buscar ajuda profissional quando necessário são medidas essenciais para evitar que adolescentes caiam nessa armadilha digital.

Comunidades de Ódio e Manipulação Psicológica

Além dos grupos específicos como **Incel, Red Pill, Black Pill e MGTOW**, a internet abriga um fenômeno ainda mais perigoso: **as comunidades de ódio e manipulação psicológica**, espaços onde discursos extremistas são normalizados, incentivando a violência, a intolerância e o isolamento social.

Muitas dessas comunidades funcionam como redes de apoio para indivíduos frustrados, oferecendo-lhes um **sentimento de pertencimento**. No entanto, esse acolhimento inicial logo se transforma em um ambiente altamente tóxico, onde os participantes são incentivados a ver o mundo de forma distorcida, enxergando inimigos por todos os lados e adotando uma mentalidade de "nós contra eles".

Para pais e responsáveis, compreender o funcionamento dessas comunidades é essencial para proteger adolescentes de serem manipulados e levados a acreditar em ideologias perigosas.

Como Funcionam as Comunidades de Ódio na Internet?

Esses grupos operam principalmente em **fóruns anônimos, redes sociais e aplicativos de mensagens**. A lógica por trás deles segue um padrão semelhante:

1. **Identificação e Captura**
   - Jovens vulneráveis, muitas vezes inseguros ou socialmente isolados, são atraídos por conteúdos que prometem respostas fáceis para seus problemas.
   - Frustrações com relacionamentos, baixa autoestima e dificuldades sociais são exploradas para convencê-los de que há uma grande "verdade oculta" que a sociedade está tentando esconder.
2. **Doutrinação e Normalização do Ódio**
   - Aos poucos, a comunidade reforça a ideia de que seus membros são vítimas de um sistema injusto e que os responsáveis por seu sofrimento são grupos específicos (mulheres, minorias, estrangeiros, governos, etc.).
   - O ódio é incentivado por meio de memes, piadas e teorias da conspiração, fazendo com que ideologias extremas pareçam aceitáveis.
3. **Rejeição do Mundo Externo**
   - Os membros são encorajados a cortar laços com amigos e familiares que não compartilham dessas ideias.
   - Qualquer crítica ao grupo é vista como prova de que "o sistema" está contra eles, reforçando ainda mais o isolamento e a paranoia.
4. **Radicalização e Ações Extremas**
   - O estágio final envolve a adoção de comportamentos destrutivos, como discursos de ódio, ataques virtuais e até crimes violentos motivados por essas ideologias.
   - Em casos mais graves, membros dessas comunidades já foram responsáveis por

massacres, atentados e ações terroristas.

Principais Comunidades de Ódio e Manipulação

Embora cada grupo tenha suas próprias ideologias, todos compartilham **táticas semelhantes de manipulação**. Entre os mais comuns, destacam-se:

- **Fóruns de Incitação à Violência:** Canais anônimos onde usuários discutem ataques, ameaças e estratégias para espalhar o ódio.
- **Comunidades de Conspiração:** Grupos que acreditam em narrativas extremas, como a ideia de que há uma "agenda secreta" para exterminar certos grupos ou manipular a população.
- **Grupos Extremistas de Nacionalismo e Supremacia:** Movimentos que promovem a superioridade de determinadas etnias e incentivam a discriminação contra minorias.
- **Círculos de Manipulação Emocional:** Espaços onde a vulnerabilidade dos membros é explorada para convencê-los de que sua única opção é seguir o grupo, rejeitando qualquer influência externa.

Os Perigos para Adolescentes

Jovens são especialmente vulneráveis a essas comunidades porque estão em uma fase de busca por identidade e pertencimento. Alguns dos principais riscos incluem:

1. Desenvolvimento de Ódio e Extremismo

A exposição contínua a discursos extremistas pode levar adolescentes a normalizar ideias de intolerância, discriminação e violência.

2. Isolamento Social

Muitos jovens acabam cortando laços com amigos e familiares, ficando cada vez mais dependentes dessas comunidades para validação e apoio emocional.

3. Depressão e Problemas de Saúde Mental

O ambiente negativo e a constante exposição a mensagens de ódio podem agravar quadros de ansiedade e depressão, levando até mesmo ao suicídio.

4. Envolvimento com Atos Perigosos

O estágio final da radicalização pode levar jovens a se envolverem em **discursos de ódio, ataques cibernéticos e até crimes reais**, como ataques em escolas ou manifestações violentas.

Como Pais e Responsáveis Podem Identificar e Combater Essa Influência?

Diante desse cenário, a prevenção é essencial. Algumas medidas eficazes incluem:

- **Monitorar o tipo de conteúdo que os jovens consomem online**
    - Não se trata de invadir a privacidade, mas de estar atento a mudanças no comportamento e padrões de fala.
- **Estimular o pensamento crítico**
    - Ensinar adolescentes a questionar fontes de informação e desconfiar de narrativas extremistas pode evitar que sejam manipulados.
- **Criar um ambiente seguro para conversas**
    - Muitos jovens caem nessas comunidades porque sentem que não têm com quem conversar sobre suas frustrações. Mostrar-se disponível e acolhedor pode fazer toda a diferença.
- **Buscar ajuda profissional quando necessário**
    - Se um jovem já apresenta sinais de envolvimento com essas comunidades, a intervenção de um psicólogo pode ser

fundamental para ajudá-lo a reconstruir sua percepção do mundo.

As **comunidades de ódio e manipulação psicológica** são um dos maiores perigos do mundo digital para adolescentes. Elas se aproveitam de momentos de vulnerabilidade para doutrinar, isolar e radicalizar seus membros, muitas vezes levando a consequências devastadoras para a vida pessoal, social e até legal desses jovens.

Para pais e responsáveis, a melhor forma de combater essa influência é através do **diálogo, do incentivo ao pensamento crítico e da criação de um ambiente seguro e acolhedor**. Afinal, a internet pode ser uma ferramenta incrível de aprendizado e conexão, mas também pode se tornar um terreno perigoso se não houver orientação e acompanhamento adequado.

CAPÍTULO 3: O IMPACTO NAS RELAÇÕES SOCIAIS E AFETIVAS

Como Essas Ideologias Reforçam o Isolamento Social

A internet deveria ser um espaço de conexão e troca, mas muitas das subculturas e ideologias extremistas que se proliferam no ambiente digital acabam tendo o efeito oposto: em vez de aproximar, **elas incentivam o isolamento, o afastamento da vida social e o rompimento com laços afetivos e familiares.**

Comunidades como **Incel, Red Pill, Black Pill e MGTOW** apresentam narrativas que convencem jovens de que **o mundo está contra eles** e que a única forma de sobreviver é se fechando para qualquer interação que não esteja dentro da bolha do grupo. Esse tipo de discurso pode ser devastador para a formação da identidade e para o desenvolvimento emocional e social de um adolescente.

O Ciclo do Isolamento: Como Tudo Começa?

O processo de isolamento raramente acontece de forma abrupta. Normalmente, ele segue um ciclo progressivo, onde o jovem vai, aos poucos, cortando laços com o mundo real e se aprofundando em espaços online cada vez mais radicais. Esse ciclo pode ser dividido em algumas fases:

1. Frustração e Busca por Respostas

O adolescente pode estar passando por um momento de vulnerabilidade – problemas na escola, dificuldades em relacionamentos, baixa autoestima ou conflitos familiares. Ao procurar apoio na internet, ele pode acabar entrando em espaços onde essas frustrações são validadas de forma distorcida.

2. Introdução às Ideologias

A primeira interação com essas comunidades costuma acontecer por meio de **memes, vídeos ou fóruns** que parecem inofensivos, mas que, na verdade, trazem mensagens carregadas de ressentimento e vitimização. Aos poucos, o jovem começa a se identificar com esses discursos e a acreditar que as respostas para seus problemas estão ali.

3. Adoção de uma Mentalidade de "Nós Contra Eles"

Os membros dessas comunidades reforçam a ideia de que **o mundo externo é hostil,** que a sociedade está corrompida e que as relações interpessoais são uma farsa. Eles passam a ver mulheres, pessoas de sucesso ou até mesmo suas próprias famílias como inimigas ou agentes do "sistema" que querem manipulá-los.

4. Distanciamento de Amigos e Família

Conforme o jovem se aprofunda nesses grupos, ele passa a rejeitar qualquer visão de mundo que vá contra a ideologia do grupo. Amigos que tentam ajudá-lo são chamados de "iludidos", mulheres passam a ser vistas como manipuladoras e qualquer tentativa de diálogo com familiares é encarada como uma ameaça.

5. Total Isolamento e Dependência das Comunidades Online

O estágio final do ciclo é o completo afastamento da vida social real. O jovem passa a viver exclusivamente dentro do mundo digital, consumindo apenas conteúdos que reforçam sua visão negativa da realidade e recusando qualquer contato com pessoas que não compartilham da mesma mentalidade.

Os Efeitos do Isolamento Social na Vida do Adolescente

O isolamento causado por essas ideologias tem um impacto profundo na saúde mental e no desenvolvimento social dos jovens. Entre os principais efeitos negativos estão:

1. Dificuldade em Criar e Manter Relacionamentos

Ao adotar uma visão distorcida das relações humanas, o adolescente perde a capacidade de interagir de forma saudável. Ele pode desenvolver medo ou aversão a relações afetivas, tornando-se incapaz de criar vínculos emocionais genuínos.

2. Ansiedade e Depressão

O afastamento do mundo real leva a um aumento significativo de transtornos como **ansiedade, depressão e pensamentos suicidas**. Muitos desses jovens chegam a relatar um sentimento constante de vazio e desesperança.

3. Baixa Autoestima e Sensação de Rejeição

Essas comunidades reforçam a ideia de que o jovem é inferior e que nunca será aceito pela sociedade. Em vez de incentivá-lo a melhorar sua autoestima, elas fazem com que ele se afunde ainda mais em sentimentos de inadequação.

4. Falta de Perspectiva para o Futuro

Com o tempo, muitos jovens perdem completamente o interesse em estudar, trabalhar ou construir um futuro. Eles passam a acreditar que **não vale a pena tentar**, pois o mundo já está contra eles desde o início.

5. Maior Propensão a Comportamentos Extremistas

O isolamento e o desespero podem levar alguns indivíduos a atitudes mais perigosas, como discurso de ódio, ataques virtuais ou até ações violentas no mundo real.

Como Pais e Responsáveis Podem Ajudar?

O maior desafio para pais e responsáveis é perceber os sinais desse isolamento a tempo de agir. Algumas estratégias que podem ajudar incluem:

- **Observar Mudanças de Comportamento**
    - O jovem está mais recluso? Evita interações sociais? Passa horas excessivas na internet? Diminuiu seu interesse por atividades que antes gostava? Tudo isso pode ser um sinal de alerta.
- **Incentivar o Diálogo Sem Julgamento**
    - Criar um ambiente onde o adolescente se sinta seguro para falar sobre seus sentimentos sem medo de ser ridicularizado ou criticado.

- **Monitorar os Conteúdos Consumidos**
    - Não significa proibir ou invadir a privacidade, mas estar atento aos sites e fóruns frequentados e ao tipo de discurso que está influenciando o jovem.
- **Estimular Atividades Fora do Mundo Digital**
    - Esportes, hobbies, cursos e atividades em grupo podem ajudar o jovem a reconstruir laços sociais e sair da bolha do isolamento.
- **Procurar Ajuda Profissional Quando Necessário**
    - Se o adolescente já apresenta sinais avançados de isolamento ou radicalização, um acompanhamento psicológico pode ser fundamental para ajudá-lo a recuperar sua autoestima e reinserção social.

As ideologias extremistas presentes na internet têm um enorme potencial destrutivo, pois convencem jovens de que o mundo é um lugar hostil e que o isolamento é a única saída. O problema é que, ao se afastarem da sociedade, esses adolescentes entram em um ciclo vicioso de solidão, baixa autoestima e desesperança.

Para pais e responsáveis, a chave para combater esse problema está no **diálogo, na atenção aos sinais de alerta e na criação de um ambiente seguro e acolhedor**. Afinal, quando um jovem se sente ouvido e compreendido no mundo real, ele tem muito menos chances de buscar refúgio em comunidades que só querem explorar sua vulnerabilidade.

A Normalização do Assédio Online e da Misoginia

Nos últimos anos, a internet se tornou um terreno fértil para a disseminação da misoginia e do assédio online. O que antes era restrito a grupos extremistas agora está infiltrado em diversas camadas da sociedade digital, tornando-se um problema generalizado. Para pais e responsáveis, compreender como essa cultura de ódio se forma e se espalha é essencial para proteger adolescentes de sua influência destrutiva.

A misoginia online não apenas afeta as vítimas diretas, mas também molda a percepção que os jovens têm sobre as relações entre gêneros. Muitos adolescentes, sem sequer perceber, absorvem discursos de ódio e violência como se fossem normais ou até engraçados, sem considerar os impactos reais dessas atitudes na vida das mulheres e na sociedade como um todo.

1. Como o Assédio Online se Manifesta?

O assédio online pode ocorrer de diversas formas, algumas explícitas e outras mais sutis, mas todas contribuem para a normalização da violência contra mulheres e meninas na internet. Entre os exemplos mais comuns, podemos citar:

1.1. Cyberbullying e Ataques Coordenados

Mulheres – especialmente influenciadoras, jornalistas, atrizes e até adolescentes comuns – são frequentemente alvo de **ataques massivos nas redes sociais**, onde recebem ameaças, insultos e mensagens agressivas de centenas ou milhares de usuários ao mesmo tempo. Muitas vezes, esses ataques são organizados por comunidades online misóginas que veem qualquer mulher bem-sucedida como uma "ameaça".

1.2. Divulgação de Informações Pessoais ("Doxxing")

Outro método comum é o **vazamento de dados pessoais**, como endereço, telefone e fotos íntimas, para expor e intimidar a vítima. Esse tipo de assédio pode levar ao medo constante e até à necessidade de mudar de cidade ou identidade digital para escapar das ameaças.

1.3. "Deepfakes" e Imagens Manipuladas

Com o avanço da tecnologia, muitas mulheres estão sendo vítimas de **deepfakes**, onde suas imagens são manipuladas digitalmente para colocá-las em situações comprometedoras, como vídeos pornográficos falsos. Isso pode causar danos irreparáveis à reputação e à saúde mental da vítima.

1.4. "Revenge Porn" (Pornografia de Vingança)

Outra tática comum é a exposição de imagens íntimas sem consentimento, muitas vezes como forma de vingança após o término de um relacionamento. Essa prática não só destrói emocionalmente a vítima, como também pode levar a sérias consequências sociais e profissionais.

1.5. Linguagem de Ódio e Normalização da Violência

Expressões como "as mulheres não prestam", "mulheres só querem dinheiro" ou até mesmo frases incentivando violência física são comuns em espaços como fóruns misóginos e grupos privados. Esse tipo de discurso cria um ambiente onde a desumanização das mulheres é incentivada e onde o assédio se torna algo "aceitável" ou "justificável".

2. Como as Redes Sociais Facilitam Esse Problema?

As redes sociais desempenham um papel fundamental na disseminação da misoginia e do assédio online. Isso acontece por diversos motivos:

2.1. Algoritmos que Promovem Conteúdos Extremistas

As plataformas digitais funcionam com base em algoritmos que priorizam conteúdos com alto engajamento – ou seja, aqueles que geram muitas interações, seja por curtidas, comentários ou compartilhamentos. Infelizmente, isso significa que postagens carregadas de ódio e polêmica tendem a ter mais visibilidade do que conteúdos neutros ou positivos.

2.2. Anonimato e Falta de Consequências

A internet permite que as pessoas se escondam atrás de perfis anônimos, tornando mais fácil para usuários praticarem assédio sem medo de punição. Mesmo quando denúncias são feitas, muitas plataformas não tomam providências eficazes contra os agressores.

2.3. "Efeito Manada" e Pressão Social

Muitos adolescentes, mesmo sem serem misóginos em essência, acabam participando do assédio por pressão social ou para se sentirem parte de um grupo. Isso cria um ciclo onde a misoginia é reforçada como algo "aceitável" dentro dessas comunidades.

2.4. Canais de Influência Misóginos

Influenciadores e criadores de conteúdo que disseminam ideias misóginas atraem milhões de seguidores, muitas vezes disfarçando seus discursos de ódio como "humor" ou "críticas sociais". Isso faz com que muitos jovens absorvam essas ideias sem perceber o quão prejudiciais elas são.

3. O Impacto na Juventude: Como Essas Ideias Moldam a Percepção dos Adolescentes?

O consumo constante de conteúdos que desvalorizam as mulheres pode ter efeitos profundos na mentalidade dos adolescentes. Isso se manifesta de diversas formas:

3.1. Naturalização do Assédio e da Violência

Quando um jovem cresce consumindo conteúdos misóginos, ele pode passar a acreditar que **assediar ou menosprezar mulheres é algo normal**. Isso pode levá-lo a agir de forma agressiva em seus próprios relacionamentos e até mesmo a praticar crimes.

3.2. Construção de Relacionamentos Tóxicos

Muitos adolescentes, influenciados por essas ideias, desenvolvem uma visão distorcida das relações entre homens e mulheres. Isso pode resultar em comportamentos controladores, ciúmes excessivos e até abuso emocional ou físico nos relacionamentos.

3.3. Baixa Autoestima e Sentimento de Inferioridade

Meninas adolescentes que são constantemente expostas a discursos de ódio e padrões irreais de beleza podem desenvolver baixa autoestima, distúrbios alimentares e ansiedade social.

3.4. Radicalização e Isolamento

Jovens que se aprofundam nesses conteúdos podem acabar se isolando do mundo real e se tornando cada vez mais dependentes dessas comunidades online para validação e identidade. Isso pode ser um caminho perigoso para a radicalização e até para comportamentos violentos.

4. Como Pais e Responsáveis Podem Lidar com Esse Problema?

A boa notícia é que existem formas de combater essa cultura de ódio e proteger os adolescentes de sua influência. Algumas estratégias incluem:

- **Monitoramento Atento, mas Sem Vigilância Excessiva**
    - Conhecer os conteúdos que os filhos consomem, mas sem invadir sua privacidade ou criar um ambiente de repressão.
- **Diálogo Aberto e Esclarecedor**
    - Explicar de forma clara os perigos da misoginia online e como essas ideologias manipulam as pessoas.
- **Exposição a Influências Positivas**
    - Incentivar o consumo de conteúdos que promovam a igualdade e o respeito entre os gêneros.
- **Ensinar sobre Consciência Digital**
    - Ajudar os adolescentes a desenvolverem pensamento crítico para que possam questionar discursos de ódio em vez de aceitá-los passivamente.
- **Buscar Ajuda Profissional Quando Necessário**
    - Se um adolescente já demonstra sinais de comportamento misógino ou de isolamento em comunidades online perigosas, um psicólogo pode ser essencial para ajudá-lo a desconstruir essas crenças.

O assédio online e a misoginia não são apenas problemas isolados – são sintomas de um fenômeno muito maior que está enraizado na cultura digital. Para pais e responsáveis, é fundamental estar atento ao que os adolescentes estão consumindo e interagindo na internet.

O desafio é enorme, mas a solução passa pelo **diálogo, educação e pela promoção de um ambiente onde o respeito e a empatia sejam valores fundamentais**. Somente assim será possível quebrar esse ciclo de ódio e criar uma geração mais consciente e equilibrada em suas relações sociais e afetivas.

CAPÍTULO 4: A INFLUÊNCIA DESSAS COMUNIDADES NO COMPORTAMENTO DE JOVENS

Nos últimos anos, a internet se tornou um dos principais espaços de socialização para adolescentes e jovens adultos. Dentro desse ambiente virtual, comunidades de nicho surgiram para atender a diversos interesses, desde o entretenimento até debates filosóficos e políticos. No entanto, algumas dessas comunidades exercem um impacto extremamente negativo sobre seus integrantes, moldando comportamentos, crenças e percepções de mundo de maneira preocupante. Movimentos como **Incel, Red Pill, Black Pill e MGTOW** atraem jovens inseguros e frustrados, oferecendo respostas simplistas para desafios complexos. Para muitos, a participação nesses grupos representa um caminho sem volta para a radicalização e o isolamento.

A Necessidade de Pertencimento e o Perigo das "Bubbles" Digitais

A adolescência é um período de intensas transformações emocionais e psicológicas. Durante essa fase, a busca por pertencimento se torna uma prioridade, pois os jovens estão constantemente tentando definir sua identidade e encontrar um grupo no qual possam se encaixar. No passado, esse processo ocorria predominantemente no ambiente escolar, na família e em círculos sociais físicos. Hoje, grande parte dessa jornada acontece no universo digital.

A internet oferece uma sensação de pertencimento quase instantânea, permitindo que jovens se conectem com pessoas que compartilham das mesmas frustrações e inseguranças. No entanto, esse conforto inicial pode se tornar um fator de risco quando os indivíduos são expostos a comunidades extremas. Redes sociais como **Reddit, Discord, 4chan e Telegram** se tornaram grandes incubadoras de bolhas ideológicas, onde discursos de ódio e visões distorcidas do mundo são reforçados constantemente.

O perigo dessas bolhas digitais reside no fato de que seus membros raramente são confrontados com opiniões divergentes. Algoritmos das plataformas priorizam conteúdos que reforçam as crenças pré-existentes dos usuários, criando um ciclo de validação que impede qualquer reflexão crítica. Dessa forma, um jovem que entra nesses espaços apenas por curiosidade pode, em pouco tempo, absorver narrativas extremistas e adotar comportamentos cada vez mais radicais.

A Escalada da Radicalização e a Cultura do Ressentimento

O que começa como um simples desabafo em um fórum pode rapidamente evoluir para um sentimento profundo de ressentimento e hostilidade. Muitos jovens entram nessas comunidades buscando apoio emocional para lidar com rejeições amorosas, inseguranças sobre a aparência ou dificuldades em socializar. Em vez de encontrar suporte saudável, são expostos a discursos que culpabilizam terceiros – geralmente as mulheres e a sociedade em geral – por suas frustrações pessoais.

Com o tempo, essa mentalidade vitimista se transforma em raiva e desprezo. Jovens que antes eram apenas tímidos ou inseguros passam a enxergar o mundo de forma distorcida, acreditando que a vida é um jogo de soma zero, onde alguns "vencem" e outros "perdem". Movimentos como o **Black Pill** levam esse pessimismo ao extremo, pregando que a aparência física e o status financeiro são os únicos fatores que determinam o sucesso de um homem na vida, tornando qualquer esforço pessoal irrelevante.

Outro aspecto preocupante é que esses espaços reforçam a ideia de que o fracasso social e amoroso não é resultado de fatores internos (como falta de habilidades sociais ou baixa autoestima), mas sim de uma suposta conspiração sistêmica contra os homens. Essa crença não apenas impede que esses jovens trabalhem para melhorar suas próprias vidas, mas também alimenta o ódio contra grupos externos.

Impactos no Comportamento e na Saúde Mental

O envolvimento nesses grupos pode ter sérias consequências psicológicas e emocionais. Muitos jovens passam a apresentar sinais de **depressão, ansiedade, baixa autoestima e isolamento social**. Em casos mais graves, esse quadro pode levar à **ideação suicida ou até mesmo a atos de violência motivados por ódio**.

Além disso, a constante exposição a discursos misóginos e fatalistas altera a forma como esses jovens interagem com o mundo ao seu redor. Muitos desenvolvem uma aversão generalizada a relacionamentos, evitando qualquer interação com o sexo oposto ou tratando as mulheres com desconfiança e hostilidade. Isso não apenas compromete sua capacidade de estabelecer conexões saudáveis, mas também reforça um ciclo de frustração e isolamento.

Outro impacto preocupante é o efeito dessas ideologias sobre a visão dos jovens em relação ao futuro. O pessimismo extremo promovido por comunidades como o **Black Pill** pode levar ao chamado "aprisionamento mental", onde os indivíduos acreditam que qualquer tentativa de mudança é inútil. Isso resulta em uma apatia generalizada, na qual os jovens deixam de buscar melhorias na carreira, na saúde e na vida social, mergulhando ainda mais em um ciclo de autossabotagem.

A Normalização do Ódio e da Violência

Outro fator alarmante é a normalização do discurso de ódio dentro dessas comunidades. O que começa como piadas ou ironias pode rapidamente evoluir para ataques diretos contra mulheres, minorias e outros grupos. Muitos jovens que passam tempo nesses espaços perdem a noção da gravidade de seus discursos e começam a considerar aceitável o uso de linguagem violenta e ameaçadora.

Casos de violência real, como os atentados cometidos por membros da comunidade Incel, mostram o impacto destrutivo que essas ideologias podem ter. Em alguns fóruns, indivíduos que cometeram crimes são vistos como "mártires", incentivando outros jovens a seguir pelo mesmo caminho. Esse tipo de influência pode ser devastador, especialmente para adolescentes emocionalmente vulneráveis.

Como Pais e Educadores Podem Identificar e Intervir

Dado o risco representado por essas comunidades, é fundamental que pais e educadores fiquem atentos a sinais de envolvimento dos jovens nesses grupos. Algumas mudanças de comportamento que podem indicar um problema incluem:

Isolamento crescente – O jovem passa a evitar interações sociais e prefere passar a maior parte do tempo online.

Mudança na linguagem – Uso frequente de termos como "feminazi", "beta", "hipergamia" e outros jargões específicos desses grupos.

Raiva e ressentimento contra mulheres – Demonstrações de desprezo ou hostilidade em relação a mulheres ou ao feminismo.

Desinteresse pela vida pessoal – Falta de motivação para buscar melhorias na aparência, nos estudos ou no trabalho.

Consumo excessivo de conteúdos extremistas – Passa muito tempo assistindo a vídeos ou lendo textos de influenciadores ligados a essas ideologias.

Caso algum desses sinais seja identificado, o diálogo deve ser a primeira abordagem. O objetivo não deve ser confrontar ou ridicularizar as crenças do jovem, mas sim entender o que o levou a adotar essas ideias e oferecer perspectivas alternativas. A educação digital, o incentivo ao pensamento crítico e a exposição a visões de mundo mais equilibradas são essenciais para reverter esse quadro.

A internet proporcionou um espaço de expressão e aprendizado sem precedentes, mas também criou terreno fértil para a disseminação de ideologias tóxicas. Comunidades extremistas estão moldando o comportamento de muitos jovens, levando-os ao isolamento, ao ressentimento e, em casos extremos, à violência.

A solução para esse problema não está em simplesmente proibir o acesso à internet ou impor regras rígidas, mas sim em oferecer suporte emocional e orientação. Jovens precisam se sentir ouvidos e compreendidos, além de serem incentivados a desenvolver habilidades sociais e emocionais que os ajudem a lidar com suas frustrações de maneira saudável.

A responsabilidade de combater esse fenômeno não recai apenas sobre pais e educadores, mas sobre toda a sociedade. Se quisermos evitar que essas comunidades continuem a crescer e influenciar negativamente as novas gerações, é fundamental promover um ambiente digital mais seguro, equilibrado e acolhedor para os jovens.

Técnicas usadas para atrair e doutrinar adolescentes

A manipulação psicológica é uma das ferramentas mais perigosas usadas por comunidades tóxicas na internet para atrair e doutrinar adolescentes. Esses espaços sabem que estão lidando com jovens emocionalmente vulneráveis, em busca de identidade e pertencimento, e exploram suas inseguranças para moldar suas crenças e comportamentos. Muitos pais e educadores subestimam a força desses mecanismos, acreditando que um jovem "sensato" jamais se deixaria levar. No entanto, as técnicas utilizadas são sofisticadas e eficazes, tornando qualquer adolescente suscetível à influência.

Este capítulo explora **as principais estratégias de manipulação usadas por grupos como Incel, Red Pill, Black Pill e MGTOW**, analisando **como capturam a atenção dos jovens, os métodos que utilizam para consolidar suas ideologias e como esses processos podem ser combatidos.**

1. O "Funil da Radicalização": Como Jovens São Atraídos e Presos

A maioria dos adolescentes não entra em comunidades extremistas da noite para o dia. O recrutamento acontece em **etapas**, com um jovem comum sendo gradualmente exposto a conteúdos cada vez mais radicais. Esse processo é conhecido como o **"funil da radicalização"**, e ocorre da seguinte maneira:

➡ Passo 1: O Primeiro Contato

O jovem pode ser atraído por um vídeo aparentemente inofensivo no YouTube, um meme no Instagram ou uma postagem em um fórum como Reddit e Discord. Muitas vezes, esse conteúdo aborda temas populares entre os adolescentes, como relacionamentos, autoestima, masculinidade, sucesso financeiro ou dificuldades sociais.

➡ Passo 2: A Identificação com o Grupo

Os conteúdos iniciais exploram sentimentos comuns entre jovens, como frustração amorosa, timidez e insegurança. Os influenciadores dessas comunidades **se apresentam como "irmãos mais velhos" que entendem o sofrimento dos jovens e oferecem respostas simples para problemas complexos.**

➡ Passo 3: A Introdução à Narrativa do "Nós Contra Eles"

Depois que o jovem se identifica com o grupo, ele começa a ser exposto a explicações distorcidas sobre a realidade. A culpa pelos problemas individuais passa a ser atribuída a forças externas: **as mulheres, o feminismo, a sociedade moderna, os "chads" (homens populares e atraentes), a mídia progressista, etc.**. Isso gera um sentimento de pertencimento e validação dentro do grupo, criando a ilusão de que **apenas aqueles que fazem parte da comunidade enxergam "a verdade".**

➡ Passo 4: O Isolamento Progressivo

À medida que o jovem se aprofunda nesses conteúdos, ele começa a rejeitar visões de mundo alternativas. Comportamentos como duvidar do feminismo, questionar relacionamentos e acreditar que a sociedade está "contra os homens" se tornam comuns. Ele passa a evitar conversas com familiares ou amigos que possam confrontar essas crenças e se afasta de ambientes onde suas ideias seriam questionadas.

➡ Passo 5: A Consolidação do Fanatismo

Com o tempo, o jovem passa a repetir ativamente os discursos da comunidade, **reforçando o ciclo de ódio e pessimismo**. Nesse estágio, ele pode até tentar convencer outros a adotarem suas ideias, espalhando conteúdos radicais em redes sociais. **Alguns** chegam ao ponto de cometer atos violentos ou desenvolver transtornos mentais graves, como depressão e paranoia.

2. Técnicas de Manipulação Usadas para Aprisionar Jovens Nessas Comunidades

Os grupos extremistas da internet utilizam diversas **técnicas psicológicas para prender seus seguidores e evitar que eles questionem o que estão consumindo**. Algumas das mais comuns são:

1. "Gáslighting Coletivo" – A Realidade É Distorcida

Os jovens são convencidos de que **o que sentem, veem e acreditam está errado e que apenas a comunidade conhece a verdade**. Por exemplo:

- Se um jovem reclama de dificuldades em interações sociais, ele pode ouvir que "as mulheres não gostam de homens bons, apenas de canalhas".
- Se ele questiona por que não consegue um relacionamento, a comunidade pode responder que "a sociedade foi projetada para favorecer apenas os homens ricos e bonitos".

Isso **faz com que os jovens duvidem de suas próprias percepções e aceitem as narrativas da comunidade sem questionar**.

2. Reforço de Grupo – "Se Você Discorda, Você Não Pertence"

Essas comunidades **exercem forte pressão para que os jovens adotem completamente a ideologia e rejeitem qualquer crítica**. Se um membro começa a questionar algo, ele pode ser atacado e acusado de ser "ingênuo" ou "dominado pelo sistema". Esse mecanismo cria medo de rejeição, empurrando os jovens ainda mais fundo na bolha.

3. Criação de um Inimigo em Comum – O Ódio Como Ferramenta

Para manter os jovens dentro da comunidade, essas ideologias criam **vilões para culpar por todos os problemas pessoais**. Geralmente, os alvos são:

- **Mulheres em geral**, rotuladas como "hipergâmicas" (ou

seja, que só se relacionam com homens ricos e atraentes).
- **Homens bem-sucedidos e atraentes**, chamados de "Chads", que seriam os verdadeiros "privilegiados" da sociedade.
- **O feminismo**, que é tratado como uma "conspiração" contra os homens.

Criar um inimigo dá à comunidade **um propósito e um senso de luta, mantendo os jovens emocionalmente envolvidos.**

4. Doutrinação por Repetição – "Ouvindo Mil Vezes, Você Acredita"

Os jovens são incentivados a consumir **quantidades massivas de conteúdo**, como vídeos, podcasts e postagens em fóruns, repetindo os mesmos argumentos e conceitos. Isso reforça a ideia de que **não há alternativa** à visão de mundo da comunidade.

5. Destruição da Autoestima – "Se Você Sair, Estará Sozinho"

Esses grupos fazem com que seus membros acreditem que **ninguém mais os aceitará fora da comunidade**. Muitos jovens entram nesses espaços buscando apoio emocional, mas, ao invés de encontrar incentivo, são convencidos de que:
- Nunca conseguirão melhorar.
- Nunca serão amados.
- Nunca terão um futuro positivo.

Isso destrói a autoestima e prende os jovens na ideologia, pois eles acreditam que **não há saída ou alternativa.**

3. Como Proteger Jovens Dessa Manipulação?

A melhor forma de proteger adolescentes desses mecanismos é **ensinar pensamento crítico e criar um ambiente seguro para que possam expressar suas frustrações sem medo de julgamento.** Algumas estratégias incluem:

☐ **Diálogo Aberto** – Evitar confrontos diretos e, em vez disso, incentivar perguntas como:

- "Você realmente acredita que todas as mulheres são assim?"
- "Se esse pensamento fosse verdade, como explicamos exceções?"

Incentivar o Contato com Pessoas Reais – Muitos jovens mergulham nessas comunidades por falta de interação no mundo real. Incentivar esportes, grupos de estudo ou atividades sociais pode reduzir sua vulnerabilidade a essas ideias.

Ensinar Alfabetização Digital – Mostrar como algoritmos das redes sociais reforçam bolhas ideológicas e como reconhecer fontes confiáveis de informação.

Monitoramento Ativo, Mas Não Opressivo – Observar mudanças no comportamento e consumo de conteúdo, sem proibir ou restringir abruptamente, o que pode gerar rebeldia.

A internet se tornou uma ferramenta poderosa para a manipulação psicológica de adolescentes. Comunidades extremistas utilizam táticas sofisticadas para atrair, doutrinar e manter jovens presos em suas ideologias. O combate a essa influência não passa por proibição ou censura, mas sim por **educação, diálogo e incentivo ao pensamento crítico**. Pais, educadores e a sociedade como um todo precisam estar atentos e preparados para lidar com esse novo desafio.

Como plataformas digitais contribuem para a disseminação desses conteúdos

As plataformas digitais desempenham um papel fundamental na amplificação e normalização das ideologias propagadas por comunidades extremistas da internet. **Os algoritmos, a falta de moderação eficaz e a própria lógica de engajamento dessas redes sociais criam um ambiente fértil para que conteúdos de ódio, manipulação e radicalização alcancem milhões de jovens de forma rápida e eficiente.**

Mesmo que algumas plataformas afirmem combater discursos

tóxicos, muitas delas **involuntariamente ajudam a reforçar essas bolhas ideológicas**, permitindo que usuários sejam sugados para um ciclo vicioso de consumo de conteúdo extremista.

1. O Papel dos Algoritmos: Como as Plataformas "Puxam" Jovens para Bolhas Ideológicas

As redes sociais e plataformas de vídeo, como **YouTube, TikTok, Instagram, X (Twitter) e Reddit**, utilizam **algoritmos de recomendação** para manter os usuários consumindo o máximo de conteúdo possível. No entanto, esses algoritmos **não fazem distinção entre conteúdos educativos e conteúdos prejudiciais – eles apenas priorizam aquilo que gera mais engajamento.**

E o que gera engajamento? **Conteúdos polêmicos, radicais e emocionais.**

O processo funciona assim:

Passo 1: O primeiro contato com o conteúdo

O jovem pode clicar em um vídeo aparentemente inofensivo sobre "como melhorar sua autoconfiança" ou "por que os homens modernos têm dificuldades no namoro". Se esse vídeo tiver alguma conexão com ideologias como Red Pill ou MGTOW, **o algoritmo entende que o usuário pode se interessar por conteúdos semelhantes e começa a sugerir vídeos progressivamente mais radicais.**

Passo 2: O aprofundamento na bolha

Cada vez que o jovem assiste, curte ou comenta um desses vídeos, o algoritmo reforça a ideia de que ele quer consumir mais daquele tipo de conteúdo. **Em questão de dias, um adolescente que começou vendo vídeos de "desenvolvimento pessoal" pode estar consumindo discursos de ódio abertamente misóginos e fatalistas.**

Passo 3: A exclusão de visões alternativas

Os algoritmos também promovem o chamado **efeito "câmara de eco"**, onde os usuários **passam a ver apenas conteúdos que reforçam suas crenças** e são expostos a um número cada vez menor de opiniões contrárias. Isso faz com que um jovem preso nessa bolha comece a acreditar que sua visão de mundo é a única correta e que tudo o que contradiz essa narrativa é manipulação da mídia ou de grupos "inimigos".

2. Plataformas Específicas e Como Elas Amplificam Essas Ideologias

YouTube: A Rota de Entrada para a Radicalização

O YouTube é um dos maiores responsáveis pelo recrutamento de jovens para essas comunidades. Alguns motivos para isso são:

- **Sistema de recomendação agressivo**: uma vez que o usuário assiste a um vídeo sobre masculinidade ou relações sociais, a plataforma começa a sugerir conteúdos cada vez mais extremos.
- **Criadores de conteúdo influentes**: há **influenciadores** que usam discursos motivacionais como fachada para disseminar mensagens Red Pill e MGTOW.
- **Aparente credibilidade**: como muitos desses vídeos são bem produzidos, com dados distorcidos e uma linguagem aparentemente lógica, os jovens podem ser convencidos de que estão ouvindo informações legítimas.

TikTok e Instagram: A Normalização da Ideologia em Formatos Curtos

As plataformas de vídeos curtos, como **TikTok e Instagram Reels**, tornaram ainda mais fácil a disseminação dessas ideologias porque:

- **Os vídeos curtos impactam rapidamente** e não dão espaço para reflexão crítica. Um adolescente que vê um vídeo de 10 segundos afirmando que "as mulheres só querem dinheiro" pode aceitar isso sem questionar.
- **O uso de memes e humor** faz com que conteúdos misóginos sejam normalizados e consumidos de forma leve e até engraçada.
- **A tendência de "desafios" e trends** faz com que falas de

criadores de conteúdo extremistas sejam repetidas sem que os usuários percebam o impacto negativo do que estão divulgando.

Reddit e Fóruns: O Espaço para Discussões Profundas e Consolidação do Pensamento Extremista

O Reddit e outros fóruns como **4chan** e **Discord** são onde essas comunidades se organizam e **doutrinam os jovens mais profundamente**. Aqui, a radicalização acontece de maneira ainda mais intensa porque:

- Os usuários são incentivados a compartilhar suas experiências negativas, **reforçando a ideia de que a sociedade está contra eles**.
- Existe um **senso de comunidade e apoio**, onde os jovens sentem que finalmente encontraram um grupo que os entende.
- As discussões são longas e detalhadas, permitindo que **os discursos de ódio sejam desenvolvidos de forma mais convincente e persuasiva**.

X (Twitter): O Campo de Batalha para Propagar e Defender Ideologias

O Twitter funciona como um **palco de guerra**, onde esses grupos testam suas ideias em debates públicos e tentam convencer novos adeptos. Nele, vemos:

- **Criação de bolhas extremistas**, onde seguidores de criadores Red Pill, Incel e MGTOW se unem para atacar feministas, influenciadores progressistas e qualquer um que questione suas crenças.
- **Assédio em massa**, onde usuários são perseguidos e atacados caso se oponham às narrativas desses grupos.
- **Disseminação de fake news**, com gráficos, dados e citações falsificadas para dar credibilidade às suas ideias.

3. A Falta de Moderação e a Cumplicidade das Plataformas

Embora algumas redes sociais aleguem que combatem discursos de ódio e misoginia, a realidade é que **muitas dessas empresas evitam agir de forma efetiva porque esses conteúdos geram engajamento e lucro.**

Problemas na moderação:
- Os algoritmos são treinados para remover apenas conteúdos extremamente explícitos, enquanto mensagens sutis de misoginia, fatalismo e ódio continuam circulando.
- Criadores extremistas **usam uma linguagem codificada**, evitando palavras-chave que acionam alertas da plataforma.
- Muitos fóruns e grupos **mudam de nome constantemente para evitar serem banidos.**

Incentivo financeiro:
- Criadores de conteúdo misógino muitas vezes **monetizam seus vídeos e lucram diretamente com a disseminação dessas ideias.**
- Plataformas como YouTube e TikTok **lucram com publicidade em vídeos polêmicos**, tornando a remoção desses conteúdos economicamente desfavorável.

4. Como Pais e Educadores Podem Proteger Jovens Dessa Influência

Apesar do cenário preocupante, há formas de ajudar adolescentes a não caírem nessas armadilhas. Algumas estratégias incluem:

Monitorar o tipo de conteúdo consumido sem ser invasivo – Incentivar conversas sobre os vídeos e influenciadores que eles seguem pode revelar padrões preocupantes.

Ensinar pensamento crítico – Questionar com o jovem os conteúdos que ele consome:
- "Quem se beneficia dessa narrativa?"
- "Os dados apresentados têm fontes confiáveis?"

- "Que outras explicações podem existir para essa situação?"

Expor os jovens a perspectivas diversas – Incentivar o consumo de conteúdos com diferentes pontos de vista, ajudando-os a perceber que a realidade não é tão simples quanto essas comunidades fazem parecer.

☐ **Criar espaços seguros para falar sobre emoções** – Muitos jovens entram nesses grupos por se sentirem rejeitados e frustrados. Ter apoio emocional na família e na escola pode evitar que procurem respostas no lugar errado.

As plataformas digitais desempenham um papel **decisivo** na disseminação e normalização de ideologias misóginas, fatalistas e extremistas. **Se não houver uma conscientização sobre os perigos desse tipo de conteúdo, mais jovens continuarão sendo sugados para comunidades de ódio.**

O combate a esse fenômeno **não pode depender apenas das redes sociais**, mas também de **pais, educadores e da sociedade como um todo, promovendo um ambiente onde os adolescentes possam aprender a pensar criticamente e desenvolver relações saudáveis e seguras no mundo digital.**

CAPÍTULO 5: COMO PROTEGER OS JOVENS E PROMOVER UM AMBIENTE SEGURO

Como Pais e Educadores Podem Identificar Sinais de Influência Negativa

A influência das subculturas extremistas da internet sobre os jovens pode ser **sutil no início**, mas seus efeitos são profundos e podem levar a comportamentos preocupantes, como **isolamento social, rejeição de relacionamentos saudáveis, misoginia, pessimismo extremo e até mesmo tendências violentas**. Para pais e educadores, **identificar esses sinais precocemente é essencial para evitar que adolescentes sejam sugados para essas comunidades e para ajudá-los a desenvolver um senso crítico saudável**.

1. Mudanças no Comportamento e na Personalidade

Adolescentes influenciados por ideologias Red Pill, Incel, MGTOW e Black Pill **costumam demonstrar mudanças graduais no comportamento**, que podem ser percebidas por meio de suas interações sociais, atitudes e expressões diárias.

Sinais de alerta comuns:

Isolamento social progressivo – O jovem pode começar a evitar amigos e familiares, passando grande parte do tempo online, imerso em comunidades que reforçam sua nova visão de mundo.

Desvalorização de mulheres e relacionamentos afetivos – Comentários sobre como "as mulheres só querem dinheiro", "relacionamentos são perda de tempo" ou "os homens de verdade não precisam de mulheres" podem indicar influência de ideologias misóginas.

Pessimismo extremo sobre o próprio futuro – Frases como "eu nunca terei sucesso com mulheres porque elas só gostam de ricos e bonitos" ou "o mundo está contra os homens" são comuns entre jovens influenciados pelo Black Pill.

Obsessão com "masculinidade extrema" – Muitos passam a seguir influenciadores que promovem a ideia de que "ser homem de verdade" significa ser frio, agressivo e dominador, rejeitando qualquer traço de empatia ou vulnerabilidade.

Fixação em "hierarquias sociais" e teorias conspiratórias – O jovem pode começar a falar sobre "alfas" e "betas", alegando que a sociedade está estruturada para privilegiar apenas um pequeno grupo de pessoas.

Desinteresse por relacionamentos reais – Pode haver um desprezo por namoros e interações românticas saudáveis, substituídos por idealizações tóxicas sobre a superioridade masculina ou pelo consumo excessivo de conteúdo pornográfico.

Explosões de raiva e hostilidade – Discussões sobre gênero ou igualdade podem gerar reações exageradas, com frases agressivas e desprezo por pontos de vista diferentes.

Uso frequente de termos de comunidades extremistas – Palavras como "simp", "feminazi", "hipergamia", "mulheres modernas são um problema", "mulheres só querem provedores" e "gynocentrismo" podem indicar que o adolescente está consumindo conteúdos Red Pill ou Incel.

2. Mudanças no Consumo de Conteúdo Online

As plataformas digitais facilitam o acesso a essas ideologias, e muitas vezes os adolescentes começam **seguindo influenciadores aparentemente inofensivos**, que pouco a pouco os introduzem em bolhas ideológicas cada vez mais radicais.

O que observar:

Mudança repentina nos vídeos e influenciadores seguidos – Se um jovem que antes assistia a conteúdos variados começa a consumir apenas vídeos sobre "o declínio das mulheres modernas", "por que os homens devem se afastar das mulheres" ou "como a sociedade está destruindo os homens", isso pode indicar um problema.

Interação ativa com comunidades online extremistas – Monitorar os fóruns que o adolescente frequenta pode ajudar a identificar se ele está participando de discussões de ódio, como no Reddit, Discord, 4chan e fóruns privados.

☐ **Recusa em consumir conteúdos que apresentem visões alternativas** – Muitos jovens passam a evitar qualquer tipo de informação que contradiga suas novas crenças, alegando que a mídia está manipulando a sociedade.

Aumento da hostilidade em comentários e redes sociais – Um jovem influenciado por essas ideologias pode começar a atacar influenciadores feministas, progressistas e mulheres em geral, participando de discussões agressivas na internet.

3. Mudanças na Autoimagem e na Saúde Mental

A influência dessas comunidades pode afetar **não apenas o comportamento social do jovem, mas também sua autoestima, suas emoções e sua saúde mental.**

Sinais psicológicos preocupantes:

Baixa autoestima e autodepreciação – Muitos jovens, especialmente os influenciados pelo Black Pill, acreditam que são "inadequados" e que nunca terão sucesso na vida por causa de sua aparência ou posição social.

Ansiedade e depressão – O pessimismo extremo promovido por essas comunidades pode levar a quadros depressivos graves, com pensamentos de desesperança e até ideação suicida.

Obsessão por estética e padrões irreais de masculinidade – Alguns adolescentes passam a buscar cirurgias plásticas, uso de anabolizantes ou rotinas de treino excessivas para tentar se encaixar em um "padrão de masculinidade" promovido por essas ideologias.

Aversão à vulnerabilidade emocional – O jovem pode passar a acreditar que demonstrar sentimentos é "coisa de fraco", reprimindo suas emoções e se tornando cada vez mais frio e distante.

4. Estratégias para Pais e Educadores Agirem

Se um jovem começa a demonstrar sinais de influência dessas comunidades, é fundamental **agir com empatia e estratégia**, evitando confrontos diretos que possam reforçar a sensação de "perseguição" e aprofundar sua adesão a essas ideologias.

Como abordar o assunto:

✓ **Crie um espaço seguro para conversas** – Em vez de atacar as ideias do jovem diretamente, pergunte **por que ele acredita nisso** e incentive-o a explicar seus pontos de vista. Isso pode ajudar a identificar a raiz do problema.

✓ **Ajude o jovem a desenvolver pensamento crítico** – Questione as informações consumidas por ele:
- "Quem lucra com essa ideia?"
- "O que acontece se alguém discorda dessa visão?"
- "Que tipo de fontes essa pessoa usa?"

✓ **Apresente alternativas saudáveis** – Incentive o consumo de conteúdos que apresentem perspectivas diversas, sem forçar mudanças imediatas.

✓ **Monitore o uso da internet sem invadir a privacidade** – Estabeleça limites saudáveis para o tempo online e converse sobre os perigos de certos conteúdos.

✓ **Procure ajuda profissional se necessário** – Se o jovem demonstrar sinais de depressão, ansiedade extrema ou isolamento severo, **um psicólogo pode ser essencial para ajudá-lo a reconstruir sua autoestima e relações sociais.**

A influência dessas comunidades pode ser devastadora para o desenvolvimento emocional e social dos jovens. **Pais e educadores precisam estar atentos e preparados para reconhecer os sinais de influência negativa, criando um ambiente seguro para diálogo e reeducação.**

A melhor forma de proteger um adolescente dessas ideologias não é **proibir ou punir**, mas sim **guiá-lo para uma visão de mundo mais equilibrada, saudável e crítica, onde ele possa desenvolver relacionamentos reais, autoestima e um entendimento genuíno sobre a vida e as relações humanas.**

Estratégias para Promover o Pensamento Crítico e a Empatia
Diante da crescente influência das subculturas online que promovem ódio, misoginia e pessimismo extremo, uma das formas mais eficazes de proteger os jovens **não é simplesmente proibir o acesso a esses conteúdos, mas ensiná-los a pensar criticamente e desenvolver empatia.** Quando um adolescente aprende a questionar informações, a reconhecer vieses e a considerar diferentes perspectivas, ele se torna mais resistente à manipulação.

A seguir, exploramos estratégias práticas para ajudar pais e educadores a promover esses valores essenciais.

1. Incentivar o Questionamento e a Análise Crítica
Adolescentes são naturalmente curiosos, mas **muitas vezes adotam informações sem questioná-las, especialmente quando essas informações vêm de figuras carismáticas na internet.** Para evitar que sejam manipulados, é fundamental ensiná-los a questionar tudo o que consomem, sem cair no extremo do ceticismo absoluto.

Como fazer isso:

Incentive perguntas como:
✓ Quem está dizendo isso?
✓ Essa pessoa tem alguma intenção oculta?
✓ Que evidências sustentam essa ideia?
✓ Existem outras perspectivas sobre esse assunto?
✓ Essa afirmação resiste a um olhar crítico ou depende apenas da emoção?

Estimule debates saudáveis: Apresente diferentes pontos de vista e incentive o jovem a argumentar **tanto a favor quanto contra** uma ideia. Isso o ajudará a perceber que nenhuma questão é tão simples quanto parece.

Use exemplos concretos: Mostre casos reais de manipulação midiática ou fake news para ilustrar como as informações podem ser distorcidas para influenciar opiniões.

2. Ensinar sobre Algoritmos e Bolhas de Informação

As redes sociais não mostram conteúdos de forma neutra – **seus algoritmos reforçam as crenças do usuário, criando uma bolha digital que impede o contato com opiniões divergentes.**

Como abordar isso:

Explique como os algoritmos funcionam: Mostre que plataformas como YouTube, TikTok e Instagram recomendam conteúdos com base no que o usuário já assistiu. Quanto mais ele vê conteúdos misóginos, pessimistas ou extremistas, **mais essas plataformas alimentarão essas ideias.**

Proponha desafios como "explorar o outro lado": Peça ao jovem para assistir a vídeos e ler artigos com visões opostas às que ele costuma consumir. O objetivo não é convencê-lo a mudar de ideia imediatamente, mas mostrar que outras perspectivas existem.

Apresente ferramentas para verificar informações: Ensine a usar sites de checagem de fatos e a analisar fontes antes de compartilhar qualquer conteúdo.

3. Desenvolver a Empatia por Meio de Experiências e Histórias

Uma das razões pelas quais comunidades extremistas online ganham força é a **desumanização de determinados grupos.** Para combater isso, os jovens precisam ser incentivados a **se colocar no lugar do outro e compreender as dificuldades alheias.**

Estratégias práticas:

Incentive contato com diferentes realidades: Estimule o jovem a ler livros, assistir filmes e consumir conteúdos que mostrem a perspectiva de grupos marginalizados. Isso pode ampliar sua visão de mundo.

Pratique a "escuta ativa": Quando o adolescente expressar uma opinião polêmica, em vez de confrontá-lo diretamente, pergunte:
✓ "O que te fez pensar assim?"
✓ "Você já conversou com alguém que viveu essa experiência?"
✓ "Como acha que essa ideia pode afetar pessoas reais?"

Estimule o voluntariado: Participar de ações sociais pode ajudar o jovem a desenvolver empatia e perceber que o mundo é mais complexo do que certas ideologias sugerem.

4. Criar Espaços Seguros para Conversas Difíceis

Muitos adolescentes que caem em ideologias radicais **se sentem isolados, incompreendidos ou rejeitados em suas vidas offline.** Se pais e educadores criarem um ambiente acolhedor, onde o jovem possa expressar suas dúvidas sem medo de punição ou ridicularização, será muito mais fácil orientá-lo.

Dicas para criar esse espaço:

Evite julgamentos imediatos: Se o jovem expressar uma visão preocupante, evite reagir com raiva. Em vez disso, pergunte por que ele pensa daquela forma e ouça atentamente.

Demonstre interesse genuíno: Muitos adolescentes buscam comunidades online porque não sentem que têm um espaço de pertencimento na vida real. Mostre que ele pode contar com você.

Reforce que mudar de opinião é um sinal de inteligência: Muitos jovens temem ser ridicularizados por reconsiderar suas crenças. Enfatize que aprender e evoluir é algo positivo.

Promover o pensamento crítico e a empatia não é um processo instantâneo, mas **uma construção contínua**. Quanto mais um jovem aprende a questionar informações, reconhecer manipulações e se colocar no lugar do outro, **menor será a chance de ele ser capturado por comunidades extremistas.**

A chave não está em censurar ou punir, mas em dar aos jovens as ferramentas necessárias para navegar no mundo digital de forma consciente, equilibrada e ética.

Recursos para Combater a Propagação desses Grupos

A influência de comunidades extremistas online se espalha rapidamente por meio de redes sociais, fóruns e aplicativos de mensagens. Essas ideologias se disfarçam de conselhos ou grupos de apoio, tornando difícil para pais e educadores perceberem quando um jovem está sendo influenciado. Para combater a disseminação dessas ideias, é essencial contar com **recursos eficazes**, desde ferramentas tecnológicas até programas educacionais e estratégias de diálogo.

1. Ferramentas Digitais de Monitoramento e Segurança

Embora seja impossível acompanhar cada clique de um adolescente, existem formas de garantir que ele navegue com mais segurança na internet. Algumas ferramentas podem ajudar a **identificar e bloquear conteúdos nocivos** antes que eles causem um impacto profundo.

Recursos disponíveis:

Softwares de controle parental: Aplicativos como **Qustodio, Bark, Net Nanny e Norton Family** permitem que pais monitorem o tempo de tela, bloqueiem conteúdos perigosos e recebam alertas sobre atividades suspeitas.

Extensões de navegador para checagem de fake news: Ferramentas como **NewsGuard e Adblock Plus** ajudam a filtrar desinformação e a evitar anúncios que direcionam para grupos extremistas.

Modo restrito em redes sociais: Plataformas como YouTube, TikTok e Instagram oferecem modos de segurança que reduzem a exposição a conteúdos problemáticos.

Atenção: O uso dessas ferramentas deve ser equilibrado para não gerar desconfiança ou rebeldia. O ideal é que os adolescentes entendam que essas medidas existem para protegê-los, não para invadir sua privacidade.

2. Educação Midiática e Alfabetização Digital

Para reduzir a influência desses grupos, os jovens precisam aprender **como funciona a internet, quem financia certos conteúdos e como identificar discursos manipuladores**. A alfabetização digital é uma das estratégias mais eficazes para combater o extremismo online.

O que pode ser ensinado:

Reconhecer padrões de manipulação: Muitos grupos radicais usam **gatilhos emocionais** (como medo ou raiva) para influenciar as pessoas. Ensinar os jovens a identificar esses padrões os ajuda a não se deixar levar pela emoção.

Checagem de fontes: Mostrar como verificar se uma informação é verdadeira e incentivar a busca por diferentes perspectivas antes de acreditar em algo.

Impacto dos algoritmos: Explicar como as plataformas reforçam certos conteúdos e como isso pode criar uma visão distorcida da realidade.

Dica: Escolas podem incluir educação midiática no currículo, ajudando os alunos a desenvolver pensamento crítico desde cedo.

3. Apoio Psicológico e Alternativas Saudáveis de Pertencimento

Um dos principais motivos que levam jovens a essas comunidades é a **sensação de isolamento e rejeição**. Para combater essa propagação, é essencial oferecer espaços de acolhimento onde eles possam se sentir valorizados e compreendidos.

Como criar alternativas saudáveis:

Grupos de apoio e orientação: Espaços presenciais ou online onde os jovens possam discutir suas inseguranças sem medo de julgamento.

Atividades extracurriculares: Esportes, música, arte e voluntariado podem ajudar a construir uma identidade positiva e a desenvolver habilidades sociais.

Atendimento psicológico acessível: Terapia pode ajudar jovens a entenderem suas emoções e lidarem com frustrações de forma mais saudável, sem recorrer a grupos de ódio.

Importante: Muitos adolescentes entram em comunidades tóxicas **porque sentem que não têm ninguém com quem conversar**. Criar um ambiente de diálogo aberto em casa e na escola pode prevenir esse problema.

4. Regulação e Responsabilidade das Plataformas

Embora a educação e o apoio familiar sejam essenciais, **as grandes empresas de tecnologia também têm responsabilidade na propagação dessas ideologias**. Algumas medidas já estão sendo tomadas, mas ainda há um longo caminho a percorrer.

O que pode ser feito:

Maior transparência nos algoritmos: Plataformas precisam ser mais claras sobre como recomendam conteúdos e dar aos usuários mais controle sobre o que veem.

Monitoramento de discursos de ódio: Algumas redes sociais já possuem políticas contra incitação ao ódio, mas a aplicação dessas regras ainda é falha. Pressionar as empresas para reforçarem essa fiscalização é crucial.

Derrubada de grupos extremistas: Fóruns e canais que promovem misoginia, racismo e violência precisam ser desmonetizados e removidos.

Legislação mais rígida: Governos devem criar leis que responsabilizem plataformas por permitirem a propagação de conteúdos prejudiciais.

Ação conjunta: Organizações de direitos humanos e grupos de proteção infantil têm pressionado empresas como Meta (Facebook, Instagram), Google (YouTube) e TikTok para melhorarem suas políticas de segurança.

O combate à propagação de grupos extremistas e comunidades tóxicas na internet **não pode depender apenas dos pais, das**

escolas ou do próprio jovem – é necessário um esforço conjunto entre sociedade, educadores, psicólogos, governos e plataformas digitais.

Ensinar adolescentes a **pensar criticamente, identificar manipulações e buscar alternativas saudáveis para pertencer a um grupo** é o melhor caminho para protegê-los. Quando eles entendem **como funcionam os mecanismos de influência online e têm um espaço seguro para se expressar**, tornam-se mais resistentes à atração dessas comunidades.

O mundo digital pode ser um ambiente perigoso, mas **com as ferramentas certas, ele também pode se tornar um espaço de aprendizado, conexão e crescimento saudável.**

ENCERRAMENTO – O FUTURO DA SEGURANÇA DIGITAL E O PAPEL DA SOCIEDADE NA PROTEÇÃO DA JUVENTUDE

O mundo digital evolui a cada dia, trazendo novas oportunidades, mas também desafios cada vez mais complexos. A segurança da juventude na internet não depende apenas de medidas individuais, mas de um esforço coletivo entre famílias, educadores, governos e empresas de tecnologia. Se queremos um futuro onde os jovens possam navegar sem medo de manipulação, violência ou isolamento, é fundamental agir agora.

O combate às influências nocivas da internet não se resume a restringir ou proibir o acesso, mas a ensinar os jovens a **usar as ferramentas digitais com consciência, questionar as informações que consomem e construir relações saudáveis online e offline**. Criar uma cultura de pensamento crítico, empatia e pertencimento é a melhor defesa contra ideologias destrutivas.

Deep Web – O Abismo Digital Escondido

Se a internet que conhecemos já apresenta riscos, há um lado ainda mais obscuro que muitos desconhecem: a **Deep Web e a Dark Web**. Estes espaços ocultos **não são acessíveis por navegadores comuns e abrigam conteúdos que vão desde fóruns inofensivos até mercados ilegais e redes criminosas**.

Muitos jovens, movidos pela curiosidade ou pela promessa de anonimato, acabam explorando essas áreas sem entender os perigos reais. Golpes, tráfico de dados, recrutamento para grupos extremistas e até mesmo conteúdos profundamente perturbadores são apenas alguns dos riscos encontrados nesse ambiente sem regulamentação.

E esse é apenas o começo da discussão. Para aqueles que desejam **se aprofundar nesse tema e entender como proteger a si mesmos e seus filhos**, estamos preparando um **livro exclusivo sobre a Deep Web**, que será lançado em breve. Nele, abordaremos não apenas os perigos, mas também as estratégias para navegar com segurança na era digital.

Fique atento. O conhecimento é a melhor arma contra os perigos invisíveis da internet.

EXTRAS: GLOSSÁRIO DE TERMOS COMUNS NAS SUBCULTURAS DIGITAIS

O universo digital possui uma linguagem própria, especialmente dentro de comunidades e subculturas online. Muitos desses termos são desconhecidos para pais e educadores, mas compreender o vocabulário é essencial para identificar sinais de envolvimento dos jovens em grupos potencialmente prejudiciais.

Termos Gerais da Cultura Online

- **Algoritmo** – Sistema que define quais conteúdos são mostrados para cada usuário, baseado em suas preferências e interações.
- **Doomscrolling** – Hábito de rolar infinitamente as redes sociais ou sites de notícias consumindo conteúdos negativos.
- **Shitposting** – Publicar conteúdo de baixa qualidade, muitas vezes ofensivo ou sem sentido, apenas para provocar reações.
- **Meme** – Imagem, vídeo ou frase que se espalha rapidamente pela internet, muitas vezes de forma humorística.

Termos Relacionados a Grupos Extremistas e Ideológicos

- **Incel (Involuntary Celibate)** – Comunidade de homens que se consideram rejeitados por mulheres e cultivam ressentimento.
- **Red Pill** – Ideologia que acredita que os homens vivem sob um "sistema controlado pelas mulheres" e precisam se libertar.
- **Black Pill** – Versão radical do Red Pill, onde os seguidores acreditam que a vida é predeterminada e não há esperança de mudança.

- **MGTOW (Men Going Their Own Way)** – Movimento de homens que rejeitam totalmente relacionamentos com mulheres.
- **Alpha/Beta/Sigma Male** – Termos usados para classificar homens de acordo com sua suposta dominância ou sucesso com mulheres.
- **Chad/Stacy** – "Chad" representa o homem atraente e bem-sucedido; "Stacy" representa a mulher bonita e desejada, ambos idealizados em comunidades misóginas.

Termos Usados para Manipulação e Controle Online

- **Grooming** – Processo no qual um adulto manipula um jovem para explorá-lo, geralmente em ambientes online.
- **Gaslighting** – Estratégia de manipulação psicológica onde a vítima é levada a duvidar de sua própria percepção.
- **Dog Whistle** – Termos aparentemente inofensivos, mas que possuem significados ocultos dentro de comunidades extremistas.
- **Echo Chamber (Câmara de eco)** – Espaços onde só são permitidas opiniões que reforçam um pensamento específico, sem debate real.

⚠ **Termos Relacionados a Problemas Psicológicos e Sociais**

- **Cyberbullying** – Assédio virtual, incluindo insultos, ameaças e humilhações online.
- **Doxxing** – Exposição de dados pessoais de alguém na internet para intimidar ou prejudicar a pessoa.
- **Edgelord** – Pessoa que faz comentários ofensivos e provocativos apenas para chocar os outros.
- **Normie** – Pessoa considerada "comum" ou fora das subculturas da internet.

Termos Relacionados a Ideologias Extremistas

- **Tradwife (Traditional Wife)** – Movimento que promove

a submissão feminina extrema, onde as mulheres devem apenas cuidar da casa e obedecer aos homens.

- **Femcel (Female Incel)** – Mulheres que acreditam ser rejeitadas romanticamente e adotam discursos de ódio ou autodepreciação extrema.
- **Clown World** – Expressão usada para descrever a sociedade moderna como corrompida e decadente, geralmente promovendo ideias conspiratórias.
- **Blackpill Maxxing** – Prática de levar a ideologia do Black Pill ao extremo, muitas vezes com tendências autodestrutivas.
- **Looksmaxxing** – Obsessão com procedimentos estéticos para atingir um padrão irreal de beleza, frequentemente promovida em comunidades Red Pill e Black Pill.

Termos Usados para Manipulação e Assédio

- **LARPing (Live Action Role Playing)** – No contexto online, significa fingir ser algo que não é, geralmente usado para enganar ou manipular pessoas.
- **Beta Bucks / Alpha Fucks** – Ideia de que mulheres se casam com homens "betas" por dinheiro, mas preferem se relacionar com "alphas" por atração.
- **Neet (Not in Education, Employment, or Training)** – Jovem que não estuda nem trabalha e muitas vezes é encorajado a se isolar por comunidades misóginas.
- **Wagecuck** – Termo pejorativo para pessoas que trabalham empregos convencionais, sugerindo que são "escravas do sistema".
- **Virgin vs Chad** – Meme que compara homens considerados "fracassados" (virgin) com homens supostamente bem-sucedidos (Chad), promovendo estereótipos destrutivos.

⚠ **Termos Relacionados a Comportamentos Tóxicos e**

Perigosos

- **Suifuel / Ropefuel** – Expressões usadas dentro de comunidades Black Pill para incentivar pensamentos suicidas.
- **Erudite Edgelord** – Pessoa que finge ser altamente intelectual, mas usa isso para justificar discursos de ódio e misoginia.
- **GigaChad** – Representação exagerada do homem "perfeito", frequentemente usado como ideal inatingível dentro dessas comunidades.
- **Hypergamy** – Crença de que mulheres sempre buscam homens de status mais alto e deixam seus parceiros "inferiores" para subir na hierarquia social.
- **PinkPill** – Ideologia misândrica que promove ódio contra os homens, como resposta ao Red Pill e Black Pill.

Termos Relacionados à Cultura de Internet e Influência Digital

- **E-Girl / E-Boy** – Jovens que constroem uma persona altamente estilizada e sensualizada na internet, podendo ser alvo de exploração e assédio.
- **Thirst Trap** – Conteúdo postado intencionalmente para atrair atenção e validação através de curtidas e comentários.
- **Ratioed** – Quando um comentário ou postagem recebe mais respostas negativas do que curtidas, indicando forte desaprovação da comunidade.
- **Glowposting** – Postagens suspeitas que podem estar ligadas a tentativas de infiltração governamental ou manipulação de debates online.
- **Grift** – Influenciadores que promovem ideologias extremas apenas para ganhar dinheiro, sem acreditar realmente no que dizem.

Por que esses termos são preocupantes?

Muitos desses termos podem parecer inofensivos para quem não está familiarizado com as subculturas digitais, mas eles **revelam padrões de pensamento prejudiciais** que podem levar ao isolamento social, radicalização e problemas psicológicos graves.

Os pais e educadores devem estar atentos a esses vocábulos no vocabulário dos jovens, pois **podem indicar envolvimento com comunidades tóxicas e ideologias extremistas.**

Este glossário pode servir como **um guia essencial para reconhecer sinais de alerta** e iniciar conversas importantes sobre os perigos e armadilhas do mundo digital.

Made in United States
Orlando, FL
05 August 2025

63599697R00046